CONCEPT LIFE
コンセプトライフ

柴田陽子

sanctuary books

CONCEPT LIFE

真っ白なノートに、絵を描きはじめる。

大好きな世界のど真ん中に、自分自身を置いてみる。

そこから、どんな景色が見えるか？

誰が、どんな人と、どんな目的で、なにをしてるか？

妄想。

わきあがってくるもの。

みんなを喜ばせてくれるものはなにか？

それはいちど見たら忘れられないもの。
身近に感じられるし、「らしさ」もにじみ出ている。
しかも工夫すればするほど、どんどんわかりやすくなっていく。

Börek
OTO ELEKTRIK

意思とか熱意、時代性なんて関係ない。
いつもどおりの発想。
「これよくない？」「かわいくない？」とおなじ。
考えなくても思い出せるし、調べなくても観察すればわかる。

掘り出すものではなく、

すでに陽のあたる道の真ん中にあるもの。

それがコンセプトだ。

コンセプトができると
仕事がひとつの物語になり、
やるべきことが次々と見えてくる。
そしてやりたいことがひとりのわがままではなく
みんなの共通ゴールとして実現していく。
すると、毎日はあっという間に楽しくなる。

DEUS EX MACHI
GIBSO
TASCHEN
JUST
WRITE
IT
DIVINAS PALABRAS
MARUZEN

この本にはわたしが学校を卒業して、社会で働きはじめてからコンセプトクリエイターと呼ばれるまでに経験し、感じてきたことを正直に書いたつもりだ。
「誰にでもできるノウハウ」の類はないが、わたしのライフストーリーを知ることでコンセプトとは決して難しいものではないことを理解してもらえるだろう。
あなたの業種や立場、今置かれている環境に合わせて、わたしの気づきを役立ててほしい。自分の仕事に対して、今よりもっと欲張りになれるはずだ。

もっと大きく、もっと遠くに。
めざすのは月だ。
さればせめて星には届くだろう。

CONCEPT LIFE

RITAS

Le PLAT
Frenchy Styx Burger.
- SAUCE SALSA
- STEAK HACHÉ PUR BOEUF
- JAMBON FUMÉ
- OIGNONS ROUGES
- TOMATE
- CHÈVRE CHAUD
- SALADE
- FRITES MAISON

LE BERIMBAR

Foreword

本当はそんなに働きたいと思ってなかった。
ただずっと専業主婦っていう人生も退屈そうだったから、いつか結婚したらお洒落なカフェを持つのもいいなと思ってた。
旦那さんはお金持ちという前提。
カフェを開くのは旦那さんで、オーナーなのはわたし。
カフェだけどお花屋さんもあって、毎日かわいい色と良い匂いに包まれている。
スタッフはみんな若くてかわいくて、わたしは「いまなに流行ってんの？」とか聞いちゃうような、気の若いおばさんだ。
そうなるためには、まずカフェの作り方から勉強しなきゃな。

わたしの社会人生活はそんな楽観的なプランからはじまった。

GO FOR THE

青い空と白い雲の下、
太陽の光がふりそそぐ道のどまん中を、
かわいく、かっこよく歩いていきたい。

CENTER!

CONTENTS

CHAPTER 1
BELIEVE IN DREAMS

夢を持とう。
やりたいことを仕事にしよう。

って、みんな言うけれど。わたしは一体なにがしたいか？
夢がない。それはずっとない。といって、今から新しく考えるわけにもいかない。まわりの女の子たちはみんな「一流企業に入りたい！」「制服がかわいいところがいい！」「商社か銀行に入りたい！」とか言って騒いでいるけど、そんなのでいいのかと言われれば、そんなので絶対にいいと思うし、そういう会社はわたしも非常に魅力を感じた。
ただわたしは残念なことに、どちらかと言えばクリエイティブな人間だ。ひらめきがすごくて、ものをつくる才能にあふれている。とにかく良いと思ったものを、みんなにすすめることがうまいんだ。たとえばまだちっちゃかった頃、お風呂に入るときいつも妹と二人でCMごっこをしていたんだけど、シャンプーしながらそのときぱっと思いついたコピー、たとえば「このなめらかな潤い」みたいなことを言うと妹はかなり興奮して、「そのシャンプー欲しいよ！」とか叫んでいたから、わたしはやはり広告業界に身を置くべき人材だろうか。

「しばたさんは心配な生徒です」

先生がやさしい目で、わたしを見つめている。

「なぜですかシスター？　わたしは自分の天職について考えをめぐらせています」
「…だから心配なのです」

わたしが通っていた学校は中高大とキリスト系、先生のほとんどはシスターで、びっくりするくらい風紀に厳しく、寄り道届けを出さないと帰りに本屋さんに寄ることすら許されないような学校だった。
“服装は、ベージュか茶色のタイトスカートに限る”といった危険な校則もあり、それは無理だと思って、友だちと街に遊びに出かけようとジーンズにはきかえて帰ろうとしたら、「大変です！　しばたさんのスカートがふたつに割れています！」とか叫ばれた。
逃げて、その場で逃げ切れても、結局あとでシスターに呼び出されて首にマリア様のネックレスをかけられてねちねちと説教される。
ただ、シスターはよく叱るけど怒らない人だった。（基本的には性善説なんだろう）

「シスターのバーカ」小声でつぶやく。
「しばたさん。なにを言ってらっしゃるの？」
「授業で習ったことを復唱していました」
「そうかしら？」
シスターはまたわたしを見る。怒ってはないけど、ちょっと残念そうな表情だった。
まあいいでしょう、とシスターは机の上の資料をめくる。
「しばたさん、あなたの進路希望先はなんですか？」
「第一志望は、広告代理店です」わたしは胸を張る。「今どきの流行をチェックしながら、最先端のものを生み出すんです。わたしならできると思います。たとえば子どものころ、お風呂場で妹に実演したPRの話なんですけど…」
「しばたさん」シスターは顔を近づけてくる。
「もう少し学校に通われてみるのはいかがですか」
わたしは首を振る。「働きたいのです」
「いま働きはじめたら、まわりの人にご迷惑をかけますよ」
「なるほど」
「なるほど、じゃありません」
「でもシスター、わたしは第二志望としてはちゃんと航空会社も考えているんです。それは人様より多く海外旅行がしたいからなのですが…」
「しばたさん！」

「はい！」わたしは姿勢をただす。
「海外が好き？」
「好きです」
「ならば、留学するのはどうでしょう？　外国でひとり暮らしをすれば、あなたの甘えん坊な性格も直るかもしれない。絶対その方がいいと思うのですが」
「そうですね」
シスターは穏やかにほほえむ。
「では進路は、留学になさいますか？」
わたしもほほえむ。
「旅行系でいくと、やっぱりスチュワーデスになるでしょうね。ただわたしは残念ながら身長が足りてないので、グランドホステスになりますが」
しばたさん、しばたさんとシスターが言う。
「あなたはわたしの話を聞いてくださっていましたか？」
「あまり聞いてない部分もありました」
「ではどの部分を聞いてくださっていたのでしょう？」
「…代理店、とか？」
シスターは悲しそうに目を細めた。
「ではどうぞあなたのお好きなように。ご健闘をお祈りしております」
進路指導はあっけなく終わった。

数日後、わたしは超有名な広告代理店と、超有名な航空会社の2社を受けていて、どちらも最終面接までいくことができた。が、1社は興奮しすぎたせいか30分くらい喋り倒してかばんを忘れて出てきてしまった。もう1社は面接日がとても暑い日で、出かける前におうちでうだうだしていたら面接時間を間違えてしまった。そのせいかわからないけど、まあ2社とも落ちた。

わたしは神奈川県葉山で生まれ育ち、お父さんは自分で会社をやっていた。
一般的に見れば、なに不自由なく、優雅に育てられ、世間知らずで、まわりには派手で都会的な友だちがたくさんいた、ということになるだろう。
男の子の友だちはみんなチーマー。ユーロビートが流行ってて、パー券を売って、ジュリアナよりちょっと昔の、ゴールドとかマハラジャに集まって、かわいいお洋服を着て、外車に乗せてもらって、週末といえばやたらとなになにパーティーをして、特に怖いものはないという気分がずっと続いているような生活を送っていた。なにか問題があればすぐ誰かに頼ることができたし、実際、頼れば誰かがかならずわたしのことを助けてくれたものだ。

世の中「知らない」ことだらけだったから、反対に「知りたい」ことだらけでもあった。

良く言えば、好奇心だけは人一倍強いってことか。
どこかへ遊びにいっても、ごはんを食べにいっても、目に映るすべてのものが気になってしかたがない。友だちと入ったこのお店は超空いている。なんでこんなに空いているのこのお店？　意味わかんない。入り口が暗くて看板が目立たないから？　入り口を明るくするって、誰に頼めばいいの？　かかるお金と日にちはどれくらい？　明るくしたらお客さんどれくらい増える？
そもそもこの子（目の前にいる友だち）はそんなに美人じゃないのになんでもてるんだろう？　人の話を聞くときの雰囲気がすてきだから？　じゃあどうしたらこんな雰囲気を出せる？
「わたしいま1分間で10個以上、疑問に思った」
「なに言ってるのシバちゃん？」
「みんな0個なのに、わたしは10個だよ。1分間で10個ということは、1時間で600個だよ。1日で6000個…人生全体で考えたらすごいね。すごい差になるんだから」
「シバちゃん面白い！　ていうかかなりヘン？」

いま悪口を言われたのに、なんでわたしは気分が悪くないんだろう。言い方が優しかったから？　笑顔に無理がないから？　この友だちのことが好きだから？
街に出て、人と会って、まわりを見る。ぼんやりしていても、いろんなことに気づいてしかたない。

だからというわけじゃないけれど、自分では真面目な性格だと思っていた。まっすぐで明るくて優しくて、シバちゃんはいつもかわいい、できる女の子だとみんなにも思われているはずだ。そう信じている。でもいまいちよくわからない。今のままの自分でも全然いい。いいんだけど、このままずっとこの居心地の良い場所にいたらいつか人生つまらなくなりそうか。
あえて自分にきびしく鬼になろうか。頼れる人が誰もいない、どこにも逃げられないような場所に行ってみるのもいいか。ふとそう思った。

最後のテストでわたしはいい点を取った。そしたらまたシスターに呼び出された。
「しばたさん」
「はい」
「この前、あなたが何かつぶやいたときにわたしは『そうかしら？』って言いました」
「はい？」
「あなたに謝りたいの」
「え？　なぜですか？」
「熱心な想いがあり、熱心に授業を聞いてくださっていた。そんなあなたを一瞬でも疑ったことを深く恥じたのです」
わたしびっくりしちゃって。この人ヘンだと思った。
授業なんてなにひとつ聞いてない、わたしの一夜漬けにだまされているだけなのに。でもよくわからないけど、いいなと思った。こんな風に他人のことを真面目に信じたり、心配できる大人って良いかもなと思った。
「シスター、わたし留学するんです」と伝えた。
留学すると思い立ってからの行動は早かった。トーフルかトイックか忘れたけれど英語のテストを受けて、なんだかよくわからないままに合格して、わたしはふらっとアメリカに旅立つことになっていた。

「しばたさん、良かったですね」シスターはにっこりほほえむ。
「そうですか？」

人生こんな気楽でいいのか。

CHAPTER 2
MY FIRST CONCEPT IN AMERICA

新しい学校はシカゴの北へ車で１時間ほど。
レイクフォレストっていうマイケル・ジョーダンとかマコーレ・カルキン君とか大金持ちがゴロゴロ住んでいるようなエリアのど真ん中にあって、そこはビバリーヒルズよりも平均所得が高いらしく、住宅街に入るだけでも門をくぐらなければいけないようなたいそうな街だった。

短大の姉妹校だったそのプライベートカレッジで、わたしはマーケティングの授業を専攻することになる。実はその科目にはけっこう前から興味があった。みんながなにを欲しがっているのか、探したり、調べたり、想像することがかなり好きだったからむいてると思った。そんなのただでさえ楽しそうなのに、これからの時代とくに求められる職種だっていう。

すごくいい。

前に、高校生のときの友だちグループが、10代向けの商品開発リサーチ会社を立ち上げたことがあり、そのときわたしはアルバイトさんという立場で、ビジネスの現場を目の当たりにしていた。「商品開発リサーチ」なんていうとちょっと難しそうだけど、ようするに「次、なにブームがくるか？」をあてっこする感じだと思った。かわいい小物とかファッション、使えるグッズ、わたしはそんなの放っておいてもふだんから好きで探してるし、もしもそれが仕事になるっていうなら、ちょっと素敵だなと思ったんだ。
アメリカのプライベートカレッジでマーケティングの勉強。ちょっと時代の先端を行っているような、誇らしい気持ちになってくる。

留学生の授業は9月からはじまるので、それまでは長い夏休み。
でも普通の留学生は少しでも早く英語に慣れるために、5月くらいにはアメリカに引っ越して語学学校に通うものだっていう。
わたしにはそのとき彼氏がいて、別れたくないとか言ってかなり騒いで、ギリギリまで日本で粘ったんだけど、授業開始の前々日になってようやく入寮。

悲しくて悲しくて、びいびい泣きながら友だちに電話して、相談というか報告をしていたときに言われた。
「シバちゃん、神様はその人にあってよかったことしか起こさないんだって。だからこのこともきっといつかあってよかったって思える日がくるんだよ」
「そんなの無理だよー！」
でも、ぴんときて。こんなに悲しい出来事があったから、もしも友だちが彼氏に振られたとき、同じ気持ちで聞いてあげられるもんな。物事って良い風に考えることができるんだって初めて知った。友だちって面白い。

いざ寮の部屋に案内されて、ベッド１個からスタート。
最初から不安。不安でやばい感じ。ルームメイトはキャサリンだと紹介されたが、彼女はすごい太ってるし、全裸で座ってて、エマニュエル夫人みたいだった。アメリカってすごい怖いとか思った。英語、全然わかんないし、ちょっと目も合わせづらい。

1クラスは50人くらい。他のクラスは若い学生ばっかりなんだけど、マーケティングのクラスだけはすでに社会に出て、もう一回勉強したい人が集まっている。つまり教室はおじさんおばさんだらけで、先生はペルティエっていうくまのプーさんみたいな、やたらと体格のでっかいおじいさんだった。
こりゃまいったなと思った。
状況的にはちっともよくない。わたしひとり浮いているし、言葉が全然わからないし、おそらく最初はコンセプトを作るんだよとか、広告にはこういう役目があるんだよ、といった大きな流れについて教えてるんだろうけど、とても入っていける空気じゃない。
しかも日本人はわたしだけだ。一番うしろの席で、キャップを深くかぶって、ジャージ上下のちっちゃい子がだまーって、地味にちょっこり座ってて、なんだあのちいさな子は、大丈夫なのかい、みたいな視線をちょいちょいあつめてしまう。

わたしは机の上に英和と和英、両方の辞書をならべている。ぶ厚くて邪魔で、それだけで机いっぱいなんだけど、電子辞書なんて持ってないから我慢するしかない。勉強はあさの6時からよる9時までずーっと。わかってんのかわかってないのかよくわかんない授業が毎日つづいた。途中でなんども気が遠のいた。

そんなのを半年くらい耐え続けていたら、ある日生徒全員に1冊のノートが配られた。
表紙にはなんにも書いてない。開いたら、中も真っ白だった。
ペルティエ先生が大きな体を揺らしながら、とくに面白くもなさそうに言った。

「ゼロから物を売る仕組みを考えてみろ」

教室がしずまりかえる。は？　そんなの習った？
生徒の気持ちを察したようにペルティエは続けた。
商品でもサービスでもなんでもいい。だれにそれを売るか（お金を出してもらうか）ターゲットを決めたうえで、どう喜んでもらうのかを考えなさい。もちろんだいたいの値段も決めるんだ。

じゃあどういうコマーシャルをする？　セールスプロモーションはどうする？
自分の身近なところで、住んでいる街で、そして世の中全体でどんな風にヒットしていくのかを頭に描け。
自分の得意分野かどうか、専門知識があるかどうか、そんなものは必要ない。どんなものだって、「売れる仕組み」はたいてい同じようにできてるからね。

最初にコンセプトがある。
そしてめざしたいゴールの風景を思い描く。

それは、誰が、どうなるためのものなのか？
それは、どうやって販売するのか？　スーパーか？　デパートか？　通販か？
それは、どうやって「あなたのためのものだ」と知らせるのか？

そのすべてがよく考えられていれば、ものは自然に売れる。

一方ではマーケティングリサーチをしたり、競合他社との比較をしたり、そういう地味な作業も大切なんだけれど、まずは無視していい。大まかな流れだけをこの1冊のノートに書いてみなさい、と言った。
周囲の生徒たちはオーマイガーと言った。

わたしはどきどきしていた。

ありとあらゆるイメージが、むくむくわきあがってくる。

ヒルサイドカフェ。
それは奇しくも、今のわたしだから生み出せるお店。
わたしは英語が全然できない。アメリカの文化もちっともわからない。
なんならアメリカ人のこともよくわからない。

どうしたらいいか。

強みは、日本人であるということだ。

わたしはこのクラスで、日本のことを一番知っている。
アメリカはヘルシーブームだから、和の食材を取り入れたファーストフードはどうか。健康志向だけど手軽なカフェ。発想は出だしが肝心だ。あるときふらっとカフェに入った。そのときわたしはダイエットをしてた。何品かのメニューを頼んで、これで何キロカロリーかなって思いながら食べてた。そんな人は他にもいるだろう。ならば、おぼんが300キロカロリーのおぼん、500キロカロリーのおぼんっていう具合に、カロリー別になってたらどうだろう。ひとつのおぼんにはかならず主菜副菜デザートまでついてる。豆腐ハンバーグとか、大根とグレープフルーツのサラダとか。日本人特有の食材、ローカロリーなおかず。でも見た目はスタバレベルにおしゃれで、かっこよくて、ニューヨークっぽく。

うん、いける。いいイメージが描ける。

さっそくプレゼンのための準備に取りかかったが、わたしは英語ができない。だから台本を書いて、トイレでひたすらまる暗記することにした。
ときどきキャサリンに文章がおかしくないかをチェックしてもらう。またトイレで暗記したら、キャサリンを相手に張り切ってスピーチする。その作業を毎晩くり返す。

「アメリカ人にはユーモアが大切よ」とキャサリンはラップのように言った。言いながらすでに笑っているのは、わたしのスピーチがひどい棒読みだから。
これじゃ伝わらない。どうすればうまく伝わるんだろうか？
言葉がダメならビジュアルだろう。
仕方がないからグラフィックデザイナーに頼んで、とりあえず仮でロゴ作ってもらって、お店のパースを描いてもらおうか。

なんていうのは完全にありえず、デザインどころか、パソコンにさわれる人すらまわりにいなかったから自分でやる。おぼんや豆腐ハンバーグなどのメニュー、ニューヨークの街に自然に溶け込むような店内のイメージを色鉛筆で描き、パッケージデザインのサンプルを作ってみる。絵や工作は上手っていうほどじゃないけど好きだったからやった。

思ったものはすぐに描いて、書いて、とにかく手を動かした。アイデアをかたちにするのは楽しい。

プレゼンの日の雰囲気は違っていた。みんなふだんはラフな格好でも、その日は一人のビジネスパーソンとして、それもプレゼン能力のひとつだということで、きちんとスーツを着ることになっていた。ヒールもはく。ビジネスぶりっこだ。
おおきな教授や太った先生がちいさい教室を埋め尽くし、100人くらいの人が壇上を見つめた。外人だらけだし、すごく密集していた。
こんなところで発言するのは正直すごいきつい。英語だってできないのに、英語だけで40分プレゼンするなんて信じられない。
だからいまでも一体どうやってプレゼンしたのか思い出せないくらいだ。

クラスの中で一人、いつも怪しげなジャージを着て、席の一番うしろで発言もせずに座っている、まるで子どもみたいな、そんなわたしが結果としてトップを取ったということで、教室はどよめいていた。

みんなが出ていったあと、ペルティエ先生に声をかけられた。
「ヨーコは物をゼロから生み出すクリエイティビティがある。それとコンシステンシーがすばらしかった」
「ふうん。そういうことでしたか」
クリエイティビティ？　コンシステンシー？
部屋に戻って辞書でしらべてみたら、つまりわたしのプレゼンは「独創的でつじつまがあっていた」ということだったらしい。

あるものが、ある場所に置かれて、誰かの手元に届くまで。

すべては1本のストーリーでつながっていて、それが無理なく展開していくことが大事だという。

よくできたストーリーは流れがきれいだ。

寸分の狂いもなく、針に糸を通すかのような注意深さで、次の展開が用意されている。
「ヨーコには“つじつまを合わせる力”がある」とペルティエ先生は教えてくれた。
その言葉を聞いてわたしはうれしかった。いまでも絶対に忘れられない。

もしわたしにそんな力があるのだとしたら、これから一体どんなことができるんだろう。

わたしはちっちゃい頃から、街に出ると目に映るいろんなことに疑問を持った。
どんな人がこれを買うんだろう。こういう人は、どういうタイミングでこういうお店に入るのかな。わたしだったら、ふだんこういう場所を通るかな。
よくお家でひとりで想像したり、デパートやカフェで人々を観察していた。
雑誌を読むのはずっと好きだったから（それがたとえ自分の住む世界とは無縁のものであっても）もし男の子向けの雑誌を読んでいれば、こういう男の子は今、だいたいどんな車に乗って、どれくらい給料をもらって、どんな洋服を着て、どんな女の子と、週末どんなデートをするといいのか想像するだけでうれしくなった。そんな世界へふらふらと、自然のなりゆきで足が向き、最終地点のところで「これはあなたのためのものなんですよ」と言われたら、誰でもお財布を出したくなる。

誰にお財布を出してもらおうかな。

たとえば芸能人ひとりにしぼったら
すぐに想像できるな。

大好きな宮沢りえちゃんに「すごーい」ってほめてもらえるお店。
あの人だったらこういうお店に行くかな。朝何時に起きるんだろうな。甘いものを食べるなら何時かな。健康に気をつけてるだろうから、夜はほとんど食べないだろうな。頭の中で自由につじつまを合わせるのはたのしい。
現実の人でも、架空の人でも関係ない。

だれだれさんみたいな感じ、という人を決めると、ストーリーは勝手にふくらんでいくみたい。

その人のことを、頭の中でじっくり観察する。

その男性は夜しかテレビを見ないか。ワゴンっぽい車で通勤しているな。運転している時間帯はFMラジオを聞いているということか。ビジネスウエアは表参道や青山で買ってるな。でもふだん着はアウトレットモールでまとめ買い。料理はわりと好きだったりして、晩ごはんは外食と自炊の半々くらい。1回のデートで使うお金は1万円前後、出すときはもっと出すし、彼女と割り勘するときもあるな…。そんなふうにその人のことを真剣に見つめると、どうすればその人の手にものが届くのかが見えてくる。

あとはその人に向かって「こんなのあったらよくないですか？」って伝えるだけ。

発想の入り口はずっと変わってない。

女子高生のときに「こういうの、かわいくない？」って友だちにすすめていたのとよく似てる。（みんな「かわいー！」って言ってくれるけど、反応を見ると微妙に本気かどうかわかるもの）
反対に、対象は20代独身男性だとか20代〜30代のOLメインとか言いはじめると、わたしにはなにも想像できないみたい。

わたしの場合、あるモノがみんなに受け入れられ、みんなの手元に届くまでのストーリーを考えるのがいい。そしてそのすべてのつじつまが合うまで、途中で考えることをやめない。

どういうところが嫌かな？
どうだったら欲しい？
なんどもなんども聞いているうちに、よしってなる瞬間が必ずくる。

その瞬間がきたら、もう動きたくて仕方がない。

プレゼンで一番になったものだから、飛び級してしまった。卒業間際にとるべき授業を、二期目に受けることになったのだ。
「絶対できない」
「ヨーコならできる」ペルティエおじいちゃんはやさしく言った。
「ノー。絶対できない。英語だってできないし」
「いやヨーコにはクリエイティビティとコンシステンシーがあるから大丈夫だ。やってみよう。もしダメだったらぼくのオフィスにきなさい。コーラとポテトチップスでも食べながらまた元気にやればいいじゃないか」

うわ。

超アメリカだ、と思った。

ほとんど無理やり放り込まれたところは、「就職に有利になるようういい成績が欲しい」っていうわかりやすく真剣なクラスで、精神的にきつかったけど、これはやらなきゃと思った。
初日に、先生がこんなことを言い出したからだ。

「6人1組のチームを作ってもらう。そのチームで半年、同じプロジェクトに取り組んでくれたまえ。最後にプレゼンをしてもらう。それが評価のただひとつの対象となる。いいね？」
よくない。つまりわたしが足を引っ張れば、他の5人に迷惑をかけるということじゃないか。
しかもわたしが入ったチームは目立って優秀な人たちばかりで、生徒会長もいた。わたしは緊張していた！

輪になって椅子に座り、自己紹介をする。
リーダー格の男の人が言った。
「名前と一緒に、前のクラスの成績を教え合わないか？」
「OKよ。わたしはジェーン。成績はBだった」「おれはマイケルだ。Aマイナス」みんな口々に言い、簡単な自己紹介をする。

「ヨーコです」
わたしの成績はAプラスだったんですよ、と言いかけたが、わたしのところまできて、誰もわたしにはなにも聞かない。質問も一切ない。
なにこれ？　シカト？

「やっぱりわたしにはできません！」
ペルティエのところへ飛んでいって、泣きついた。
「ホワイ？」
「みんなわたしがいて嫌だと思ってるんです。わたしは英語もできないし。みんな就職が大変みたいだから」
そういう説明も筆談、泣きながら紙に書いて伝えるしかない。わたしにはできません。アイキャント。
「大丈夫だから」
「大丈夫じゃない」
「でも…」
「でも？」
「ヨーコなら大丈夫だ」
理屈になってない。やめたいのに、やめさせてくれない。どういうことですか？

もう、学校へ行くのが嫌になった。
本当に朝からおなかが痛くなってくるし。
アメリカ人ってすっごい早口だし、みんな気が強いし、ディスカッションとかするし。

ある日のこと。カフェテリアに朝ごはんを食べにいこうと、ねぼけ眼のまま寮の廊下を歩いていたら、向こうから日本人留学生が何人か歩いてきた。みんなわかりやすく背中を丸めていて、誰が見てもかなり疲れてるのがわかる。みんなも勉強、大変なんだろうなと思いながら、おはようございます、どうも、と挨拶をすると、そのうちのひとりがすれ違いざまに「もう大変なんだ…」とひどい声を出した。「明日テストがあるんだけど、その準備で死にそうだ。死ぬ死ぬ絶対死ぬ。昨日も徹夜で、今日もそう…きっと一睡も寝られないだろうな」とぼやき倒してくる。うう、そんなに厳しいんだ…。

Ереван

なんだかわたしまで深刻な気分になってきた。これはますます大変なところにきたなと思いながら、どんどん気持ちが凹んできて、押し寄せてくる痛みに備えておなかをさすっていると突然、
「ようこちゃんっ！　おっはよー！！」
っていう、どうしようもなく明るい声が廊下に鳴りひびいた。
顔を上げたら、同じ寮のみなちゃんだった。遠くのほうで手をふってる。
「あれ？　みなちゃんも社会学専攻ですよね。テストで大変なんじゃないですかー？」
するとみなちゃんはにっこりと笑って言った。
「大変だよー！　まじでやばいよー！　ようこちゃんも大変でしょー？　だからこのテスト終わったらさ…コリアンタウン行って焼き肉とか食べない？」
「…焼き肉？」
なぜ？　朝イチから晩ご飯の話？
「だって焼き肉、食べたくない？　焼き肉だよ！　食べたいでしょ！」
でも、みなちゃんの声を聞いたら急に元気がわいてきた。

みなちゃん、すごい。
よくわからないけれど、この人はプロだと思った。まわりで起きていることと関係なく、ひたすら明るいままで生きようとしている。そういう気配りができる人、大好き。

社会のことはよくわからない。でもわたしはみなちゃんみたいな人と、いつか一緒に働きたい。こんなに元気にさせられるんだから、うまくいかないはずないじゃない。
「行くっ！　焼き肉食べたい」

授業がはじまると、先生がチームごとにお題を出した。
わたしたちのチームに与えられた指令は「ハーシーズ（チョコレート）がハロウィンに向けて行うキャンペーンを企画しろ」というものだ。だいたいの予算も伝えられているが、もちろんこれらは演習であって、本当にハーシーズから依頼されたものではない。
早速、チームで話し合うことになった。
1回目、みんなでんにゃんにゃ話し合う。わけわかんない。
2回目、全員から完全に無視される。ひとりだけ話に加えてもらえない。

Wir
müssen
draussen
bleiben!

Orbit
HARIBO
Unsere
betrieb

で、泣く。
泣きながら、ほかのクラスにいる日本人の友だちのところへ飛んでいって、
「おそろしくて、おなかが痛い！　日本に帰りたい！」
とわめいて、誰かになぐさめてもらおうと試みる。みんなも心配そうな顔をしてくれるけどやっぱり、もうそんなことばっかり言ってても、どうにもならないし、みんなに迷惑をかけるだけだなと考え直して、みなちゃんの態度にもならって「自分にできることをやろう」と気持ちをきりかえた。

心機一転。

再チャレンジする上で重要視したのは、「アメリカ人は派手だ」ということだ。派手だから、地味なことをやりたがらない。
単純作業とか、調べものとか、おつかいとか、きっと嫌いだろう。すくなくとも好きな人はいないだろう。
そうアタリをつけたわたしは、自分がやるべきこととして“これがあって助かった”というものを用意しようと思い立った。

動き出そう。

「OH！　これがあってよかったYO！ヨーコ」と言われるがために。

まず、お金を使うのは嫌いだろうと思い、わたしは一人でスーパーへ行って、ハーシーズの商品をぜーんぶ買いそろえ、がんばってその分類表も作って、それをチームのもとへ届けた。ラインナップはこんな感じらしいです。

つぎに、図書館へ行って新聞と雑誌に片っぱしから目を通し、過去10年間でハーシーズが取り上げられたすべてのスクラップ記事を入手した。主だった記事を見せながら、こういう切り口だと意外と紹介されやすいのかもしれませんねえ。わかんないけど。みたいな。

それから過去に実際あったハロウィン商戦について調べまくり、アメリカでハロウィンと言えば、ピーナッツバターが欠かせないんだという驚愕の事実を知った。秋になると街のいたる店にピーナッツバターが並べられるらしい。きっと好きだからだろう。

じゃあハーシーズの商品でピーナッツバターを使ったらどうなるか。
男の子たちが好きなクランチをオレンジ色の紙で包んで、と妄想したらどきどきしはじめて、アメリカ人は料理が不得意かもしれない！　とか思って、寮にあるちびっちゃいキッチンを使って自分で実際に作り、チームのみんなのところに持っていってみた。ハロウィンクランチっていうんですが、きっとこういう味になると思います。どうですか？　みんなで仲良く分けてくださいね。

そんな努力を何度かこつこつくり返しているうちに、いつだかチームの一人がぽつんと言った。
「ヨーコはいいかも」
少し、空気が変わった瞬間だった。

キャサリンは目をまんまるに見開き、わたしのことを見つめて口を両手でおさえて驚いた。そして許可もなく包装紙をびりびりと破きはじめた。30分もかけてラッピングしたのに。
“Happy Birthday！”
中から出てきたカードとうさぎのぬいぐるみを見て、またきゃああと声をあげる。そして無抵抗のうさぎにほおずりしたりキスしたりおでこを当てたりしたあと、わたしにぎゅっと抱きついた。

「いったいなんて素敵なの!? ありがとうヨーコ！！ あなた最高よ！！」

アメリカ映画でみるのとまったく同じリアクションだ。こういうとき、アメリカ人てすごいなあ、とつくづく感心してしまう。

日本人だったら一度は封を開けてみるものの「ありがとうございます。あとでゆっくり拝見させていただきます」なんて丁重にお礼を言ってかばんにしまってしまうのが普通。照れくさいし、なんか申し訳ないし、もらったプレゼントで心底喜んでいない表情が伝わったらどうしよう、という不安もよぎるからだろう。

でもキャサリンはすぐに反応した。
そして大げさなくらいに喜んだ。

そしてわたしがプレゼントのために使った知恵と時間とお金が、一瞬でわたしのしあわせに変換された。

CHAPTER3

FIRST STEP

アメリカの夏休みはちょっと長い。
でもその間、微妙に何日かサマークラスがあるから、うかうか日本に帰ってくることもできない。
大半が暇で仕方ない夏休み。一体どうしてくれよう。
あるときに先輩が「学校の近くに日本食のレストランができるよ」と教えてくれた。そこでウエイトレスを募集しているからもし暇ならのぞいてみろという。

たしかに暇で死にそうだったが、わたしは今までバイトというバイトをしたことがない。
かろうじて近所の子どもの家庭教師をやったことがあるが、無理やり頼まれて仕方なくって感じ。バイトはわたしのすることじゃないと思っていた。特にウエイトレスとかそういう安い仕事はしません、なんて、わたしはそんなことも平気で言えちゃうような人だった。
だから、ええー、レストランかーって思ったけれど、暇に負けた。周囲を見回してもなにもないんだから。カラオケもクラブも代官山のお洋服屋もないんだから。本当はどこかにあるのかもしれないけど、迎えにきてくれる友だちがいないから行く気もしない。本当に退屈に殺されそうな気分だったから、仕方なく面接だけでも受けにいくことにしたんだ。

そこは想像してたよりもよっぽど小さなお店だった。全部で二十席くらいしかなくて、スペースはやたらと細長い。まだ工事中らしくて、床の土がむき出しのままで、壁のペンキは半分くらいしか塗られていなかった。
店の奥から男の人が出てきて「こんにちは。バイトの経験はあるの？」と声をかけてくる。ありません、みたいな。その男の人は苦笑しながら「とよって呼んでくれ」と名乗った。30代後半くらいの落ち着いた雰囲気のあるとよさんは、無愛想なわたしにこのお店が生まれた経緯をていねいに説明してくれた。要約すると、はっぴ寿司とかいうヘンな名前のお寿司屋さんで10年間働いてお金を貯めて、お寿司屋のオーナーを夢見て、ここがようやく手に入れた念願の一軒目の自分の店だということらしい。ふうん努力の結晶っていうわけですね、適当に受け流しながらわたしが不思議に思っていたのは、まだ工事中なのになぜドアだけはばっちり完成しているのかということと、そのドアのノブがなぜふぐの彫り物になっているのかということだった。ノブだけがこんなに立派とは。地面すらできてないのに…。

ぼんやりとそのドアノブに見入っていると、別の人に「あ、面接にきてくれたのね」と声をかけられた。とよさんの奥さんだ。

わたしはたまらずに聞いた。

「なんで、ここ。ドアノブだけできているんですか」

ああここはとよさんがね、と奥さんは笑った。「いつか自分のお店を持ったらって、何年も前から大好きなふぐを彫っていたのよ。それをすぐに飾りたいっていうから、先にドアノブだけできちゃったのね」

へーと思った。

この店、とよさんにとって大切なんだーと思ったら、次に「とよさんの欲しいものってなんですか？」と質問していた。なんでそんなことを聞いたのかわからない。でもとにかくそう聞いた。

THEODORA
EREDETI FŐZÖTT
(EIS)
FAGYLALT

「欲しいもの？」

「はい。このお店が儲かったら、とよさん、なにを買うのかなって」

奥さんはしばらく目を泳がせたあと、窓の外を指さしてにっこり笑った。店の前には、沼の中からいま這い出てきたような泥んこのピックアップトラックが停まっている。

「うちのダンナ、車が好きなの。いまはあんなのに乗ってるけど、いつか好きな車が買えるようになったら嬉しいんじゃないかな？」

そうなんだ。とよさん、好きな車を買いたいんだ。その話を一度かみしめると、わたしは飲食店なんてちょっとバカにしてたんだけど、とよさんがあんなオンボロではなく欲しい車を買いたいっていうなら、そんな風になるまでわたし手伝おうと思ったんだ。

でもあまりにも地獄で。すっごい。
お店の椅子を全部あげて掃除機をかけたり、お皿を一枚一枚洗ったり、アメリカンキッズにも使えるようにおはしをゴムで縛って洗濯ばさみみたいにしたり、苦しくて単純すぎる労働に何度も何度も意識が遠のくことになった。これほどの重労働をわたしにさせちゃってオッケーですか？「ようこちゃんは、ほんと甘えん坊だなー」ととよさんは笑っている。手渡されたユニフォームは、白いシャツに黒いエプロンにショッキングピンクの蝶ネクタイだった。うわこれ、どうみても完璧に林家パー子じゃん？

わたしがそんな状態のまま、お店はオープンした。
店名は「Sushi kushi TOYO」。その名のとおり、寿司と串を出すお店。
スタッフはオーナーのとよさんと、お寿司を握るあきおさん。それから海を泳ぎ林の中を走ってきたメキシコ人のルイスとラミーロ、いつの間にか居着いているフィリピン人のアニー、そしてわたしの合計6名だ。つまり日本人3名と不法入国者3名というスタッフで構成された特殊なお店だったのだ。

とよさんは言った。
「毎日まじめに仕事をしなきゃいけない」
イエス。わたしたちは深くうなずいた。
「そしてなによりも人を大切にしなきゃいけない」
アイシー。わたしたちは互いを見つめた。

しかしSushi kushi TOYOには、来る日も来る日もお客さんが来なかった。
あまりにも退屈だったから、フィリピン人のアニーが「寿司ネタのリストを、窓に貼り付けたらいいんじゃないかしら？」と提案してくる。
「ええ？」わたしは目を丸くした。こんなにきれいにしているお店なのに、そんな、セロテープとか貼ったら汚いし、安っぽくなるのにどうしてそんなことをするの？と思って、そっくりそのまま「ノー！」と言うと、アニーはうつむいてしょげた。その瞬間、わたしの心の中でなにかがはじけた。

ちゃんとこのお店のことを見よう。

このお店はスシクシトヨっていう。とよさんがいて、寿司と串が出る。
とよさんっていうあったかい人が、あったかいサービスをしてくれる。
とよさんは人を大切にする人だ。
アメリカ人にもなじみやすい、おいしいお寿司と串料理を出す。お客さんのからだのことを考えた、ヘルシーなものしか出さない。
日本人とくらべて、アメリカ人はお店に対して情熱的な気がする。
つまり1回ファンになってくれると、週に3回も4回も来てくれる。
でもSushi kushi TOYOは小さいお店。大勢きてくれても、すぐにいっぱいになってしまうようなこぢんまりとしたお店。
そんな風に頭の中を整理しながら、店内をぐるりと見回してみると、このお店にはできることが無限にあるんじゃないかと気づいた。

そしていったん気づきはじめると、こんどは動くのをやめる方が難しくなる。メニューの文字をもっと見やすくしたほうがいい、テイクアウトをはじめるのはどうか、お帰りのお客様に必ずごあいさつをしよう、もっと食べやすいようにお皿の位置を工夫して、音楽のボリュームはこれくらいにして、バックヤードが客席から見えないようにして…。
特に、ピンク色の蝶ネクタイはないよ。ただ、いまは我慢しよう。そのことだけはもう少し慣れたころに言ってやろうと思った。「これは林家パー子みたいで変だと思います」とはっきり訴えてやるんだ。

わたしは本当にただのウエイトレスだった。
ウエイトレスとして、わたしはがんばった。
でもそれだけ。
1年半くらい経ったころ、Sushi kushi TOYOはものすごい繁盛店になっていて、シカゴブルズとかブラックホークスの選手がきたり、お金持ちの人が気安く100ドルチップをくれるような、けっこういい感じのお店になったんだ。

いそがしく働きながら、わたしはあることを学んでいた。それはお客さんから「ありがとう」って言ってもらうのって意外にうれしいっていうこと。ありがとうって言ってもらえるようなことはしていないと思うけれど、だから言われると少しびっくりするの。期待していないときにありがとうと言われると、期待していたときの何倍もうれしい。そんなとき、いつもあのふぐのドアノブを見たときのような気持ちがわいてきた。

あるときのこと、頭痛っぽいお客さんがいるのに気づいて、わたしは持っていた頭痛薬をあげた。するとそのお客さんは「ありがとう」と言った。

「たまたまかばんに入っていただけですから」と謙遜する。

でもその人は言った。

「いや、頭痛に気づいてくれたことが嬉しかったんだ。ありがとう」

そんなの。くらくらするほど嬉しかった。

TALUPOOD
KARUSSELLI
MÜÜA
ÄRIPIND
for sale
www.viktoria.ee
Coca-Cola
TOIDUPOOD
Coca-Cola
TALUPOOD
KARUSSELLI
MÜÜA
ÄRIPIND

「イタリアンレストランに行こう」
ある日、とよさんがいきなり誘ってくれた。
倉庫を改装して作ったというそのお店は、天井がとんでもなく高いところにあって、コンサート会場のような高揚感に包まれていて、ぴかぴかの服を着て姿勢がびしっと伸びたリッチな大人たちが集まっていた。わたしは一瞬でのぼせあがってしまった。なにこれすてき。なにこれすてきすぎじゃない。
いいものに触れなきゃ、ととよさんは言った。
「いいものに触れて、刺激の貯金を増やすんだ。その貯金はあとでかならず何倍にもなるからさ」

いいもの、ね。

その日以来、わたしは「いいもの中毒」になった。買うお金なんかないんだけど高級デパートに入って商品をきょろきょろして回る。お買い物している人をまじまじと眺めたり、一体どんな気持ちであんな高い物を買うんだろう…と想像してみたり、ときには奮発していいホテルでおいしいお茶を飲んでゆったり。つまり自分の身の丈より、ちょっと上のものに触れようということなのです、と気取ってつぶやくのも楽しい。
いいサービスに何度もふれていると、じつはあっちこっちに潜んでいる「きくばり」とか「配慮」の存在に気づける。いいものを知りはじめたら、なんだかいままでと違ったものが見えてくるんだな。

「カジノへ行こう」
ある日、とよさんがまた誘ってくれた。
シカゴにカジノ場はない。陸地では違法だから。
ミシガン湖に浮かんだ「ボート」と呼ばれる豪華客船に行くんだ。うれしい。興奮してきゃあきゃあはしゃいでいると、とよさんの奥さんが唐突に言った。
「ナイスシューズでね」
「ナイスシューズ？」わたしは聞き返す。
「まっさきに靴を見られるんだから」
もともと靴は大好きだった。だけどそこまでシンプルに言われたのは初めてだったので妙に記憶に残り、わたしはカジノ場でゲームよりも靴ばかり見ていた。
たしかにお金持ちの人はきれいな服を着てる。立派な髪型にして、お花のような匂いをさせ、ゴージャスにメイクしてる。でも本当にすてきだと思う人たちにはひとつの共通点があった。

ナイスシューズ。

靴はすり減ってしまう消耗品の一種である。でも靴がきれいな女の人は格段に印象がいい。履いている本人の背筋もとても伸び、立ち振る舞いさえも洗練されてる気がする。安物を3足買うなら良いものを1足だな、なんてブツブツつぶやいていたら、カジノ負けていた。

やがて、Sushi kushi TOYOのピンク色の蝶ネクタイは黒になった。
「新しい制服は、ようこちゃんが決めていいよ」
とよさんからそう言ってもらって、制服の白いシャツをストライプのシャツにした。やるべきことをやった感があった。ありがとう、とよさん。とよさんは本当にすばらしい人だったよ。なによりもすばらしいのは、実はあれから15年経ったいまでも、アニーとルイスとラミーロは、Sushi kushi TOYOで働いているということ。みんな不法入国者だったんだけど、全員ちゃんとビザをとって、家族を呼んで、それぞれ温かい家庭を築いている。しかもとよさんはひとり一軒ずつ家を買ってあげたらしい。そしてとよさんは、いろんなタイプの高級車を何台か買った。

わたしたちのチームはハロウィンクランチでトップの成績を取り、わたしたちは卒業した。
日本に帰る直前、Sushi kushi TOYOの常連客だったおじさんが言った。
「まだ学生を続けてみたら？　うちの大学にきてくれたら学費全部出すし、ぼくの別荘を使ってもいいから。ヨーコにはまだまだこのお店にいてほしいんだよ」
お言葉はうれしいよ。
けれどわたしは日本人だからね。

で、日本に帰ってきた。なんかいい気分のまま。
で、「あれ？」と思った。
「わたしは食べ物が好きだな」って。

食べることに対するどん欲さ、あくなき探求心。
わたしの人生の印象的な場面は、ほとんど食事の風景と重なっているらしい。

受験に受かったときお母さんに「お父さんに内緒よ」って言われて連れて行ってもらったフレンチレストラン、彼氏と最初のデートで入った海の見えるカフェ、仲の良い友だち4人でよく通った学校の近くの定食屋さん、いまでもそれらの場面ひとつひとつが持つやさしい空気を思い浮かべることができる。そのときに着ていた服は思い出せないけれど、味や匂いだけは記憶のどこかにしっかり残ってる。
で、レストランって素敵な場所だなと思ったんだ。
わたしもやりたい！　レストランを作れるようになりたい！

もともとの将来の夢はお嫁さんになること。つまり専業主婦だった。なーんにも考えていなくて、自分が奥さんになって、相手はお金持ちだと仮定して、その人にカフェを開いてもらって、わたしはカフェのオーナーになる。お花屋さんとしてのスペースもすこしあり、お店の中はお花のにおいが充満している。
わたしはおばさんになっても心が若くて、若いスタッフに「いまなに流行ってるの？」って聞いたり、「いまどんな子とつきあってるの？」って聞いたり、そんなプランを立てていた。

そのためには…やはりレストランの作り方を勉強しなくてはいけない。
どういう場所にどういうお店を作るものなのか知りたいし、お店が出来上がるまでの手順が知りたいし、どうやって宣伝して有名にするのかも知りたい。だから「WDI」という外食事業の会社を受けることにした。

わたしはわたしの経歴のおかげで、WDIの入社試験に合格することができた。つまり女子校出身で、留学経験があるということだ。その結果、「秘書なら」ということで。

秘書になっちゃった。
秘書か。秘書いやだなと思った。

でも秘書ならぜひって言ってくれている。せっかく受け入れてくれるわけだし、そのときの教訓として「3年はやってみるべし」という言葉があったからな。わたしはこれやってみたけれど楽勝だったよとか、なかなかいやだったよとか、なんでもいいけれど、経験を語るには3年はかかるんだ。これもなにかの縁だから3年やろう。3年がんばろうと思って秘書になった。

ところが、わたしが入社するまではなんと社長も専務も、秘書なんてつけたことがないとか言い出す。つまりわたしには先輩がおらず、秘書の仕事というものがまったくわからない。
秘書ってなに？
わたしは一体なにをがんばればいいの？
頭の中が混乱したが、すぐにわかったことがある。

「わたしは、なんのために、ここにいるのか？」

それだけわかれば、秘書という仕事でがんばれそうな気がした。
ゴールの設定というやつか？　よくわからないけど「結局のところ、秘書ってなんですかね？」といろんな人にたずねて回った。
ある人が教えてくれた。
「上司がなんの心配事もなく、気持ちよく働けるようにお手伝いする人だよ」

あー。わたしは納得する。

その人がストレスなく安心して楽しく働ける。そのためにいる人だ、わたしは。
じゃあ、お茶はがんばっておいしいの入れよう。あとコピーを頼まれたら、すぐ「はい」ってやろう。
せっかくだからキャッチコピーもかかげてみることにした。

“ノーを言わないしばちゃん”

絶対に「できない」なんて言わない。嫌な顔ひとつせず、上司のリクエストにはなんでもこたえるんだ。なんなら先にリクエストを見つけてやろうか。ふふふ、ちょっと楽しくなってきた。

「しばたさーん、11時の会議までにこの書類とこの書類、50部ずつコピーしておいて」
きた、と思った。そして厳かに「かしこまりました」と答えた。

「11時までに50部ずつですね。たしかに承りました。こういった書類の場合…ホチキスよりもクリップのほうがよろしい。そうですね？」
「…ん、そうかな。ばらして見ることもあるから、そうしてくれるかな」
よし。業務内容の設定終了。わたしは黙って考えた。
上司によろこんでもらうには少しでも早くだ。10時45分までには完了させよう。しかしこの書類と書類は1ページ目がやたら似ているな。クリップの色を変えて違いをわかりやすくするべきだな。などと考えながらコピーをとって、色違いのクリップを用意して、でもわりとまじめそうな書類だったので、あまりカラフルにしてはいけないと片方をシルバー、もう片方をゴールドのクリップにして、50部どさっと置いてみて、50部どさっと置くのもどうかと思って、気を利かして10部ずつで向きを変え交互に置き、さらに書類1部ずつをクリアケースに入れた。
10時45分。受け取った上司は目を輝かせた。
「いいよーしばちゃん！　よく気がつく！」
小さくガッツポーズ。

休憩室でいろんな部署の女の子たちと一緒にお弁当を食べている。
まるまる部のまるまる部長はノースリーブでも文句言わないのにー。うちの部長は夏服について超ごちゃごちゃ言うんだよー。ミュールはダメだっておなじ会社なのに変だよね。
ぜったいそれおかしー。
休憩の1時間、毎日ずーっとそんな話ばかり聞いていた。
「しばちゃんはどうなの？　ずっとスーツで…。嫌じゃない？　自分のお金で買うものなのにスーツって大変じゃない？」

え？
わたしはなんだろう。
わたしはわたしの上司が気持ちよく働けるようにお手伝いする、というのが仕事だから、その上司が嫌だとか、お客様の前に出したくないとか、それはビジネスマンっぽくないなと感じるかっこうをしたくないから、その範囲の中で楽しめればいいわけで、部署が違ったら、違うことを言われるのは当たり前じゃないと思った。

態勢に影響はない。半袖だってかわいいの、あるじゃない。なんなのこの人たち。なんでこんな話に1時間使うのかわからない。わたしは上司が気に入るかっこうをして、立ち居振る舞いをして「しばたさんはいつもきちっとしてるね」「どこに連れていっても恥ずかしくないね」って言われるほうが、よっぽどうれしいと感じたよ。

あるとき、上司がゴルフコンペの幹事になった。
日曜日に大会だからその日までに景品を買いそろえて、ゴルフ場に送っておいてねという。
他部署の人たちがひそひそ話をしているのが耳に入った。
「なんで？　そんな週末の遊びのために、しばちゃん仕事させられて嫌じゃないのかな」
え？
わたしの上司は平日からゴルフのことばかり気になり、まったく仕事が手につかない様子だった。
それをお手伝いするのは…。
わたしのコンセプトからはずれていません。
わたし全然、嫌じゃない。

ゴルフの景品を買って、ここに置いておけば宅配便の人が持っていってくれる、という場所が会社にあり、そこへばっちり置いておいた。この仕事は非常に楽しくできた。
ところが大会当日、お昼の12時ごろ電話がかかってくる。
「しばたさん…だけど…」
わたし、すっごい寝てたんで、飛び起きて。いま何時ですか？
「何時ですか、じゃないよ。あとハーフある。2時間半後に表彰式があるけどモノが届いてないんだよ」
ええええええって顔面蒼白になってあわてて会社に電話。
運良く休日出勤している人がいて、「ここにあるわよ」と教えてくれた。
なんでも通路の外側に出すべきものが、内側に入っちゃってたらしく、宅配便の人に持っていってもらえなかったらしい。

でもそこでそれはわたしの責任だと思う。そこらへんは実にちゃんとしている。
わたしは定位置に置いたつもりだけど誰かがずらした。それはしょうがない。その日、荷物が多かったっぽい。

「しばちゃん全然悪くないから、業者が持っていってくれなかっただけだから。あとでそう報告したらいいじゃないの」
いーや。
荷物を届けて楽しいゴルフというところまでがわたしの仕事なのですから。
ダッシュで会社に行って荷物をつかみまたダッシュで飛び出して、一番早い方法は車なんだけどわたしは免許を持ってないから、年収200万円くらいなのに片道2万円かけてタクシーで高速をぶっ飛ばし、ようやくたどりついたとき、上司は「なにしにきたんだ？」とびっくりした顔をしていた。すいません。こんな顔で。寝起きで。
「しばちゃんみたいな人、初めて見た」
上司はぼそっと言った。けれど、あとから聞いたらじつはそういうことですごく信頼を勝ち得ていたみたいだ。

CHAPTER 4
FIRST PROJECT

約束の3年が経った（約束とは自分との約束だ）。
秘書っていう仕事が、自分なりにわかってきた。これをずーっと繰り返していく。きっと若い人にもできる。ベテランだからってそうそう新しい工夫が生まれるわけじゃない。おばさんになってもやりがいを持って働ける感じか。わたしは自分の心に問いかけた。もちろんやりがいを持って働いている人もたくさんいると思う。けれどわたしはノー。うん、ノーだ。3年経ってそう思った。さあこのあとなにをしよう。わたしは26歳だった。

外食の会社にいるからといって、外食のことをなにも知らなかった。スケジュールの管理とお茶出ししかできない。
そんなわたしがいまからレストランの現場に足を踏み入れ、店舗経営のなんたるやを学び、接客を覚え、食の知識をたくわえ、自分のお店を作るっていう夢は無理ですねと。
わたしは女の子だし体力もないし、男の人は10分でお家を出られるのに、朝お化粧したりストッキングをはいたりすると女の人は1時間もかかる。
ならば男の人以上に働くっていうのはかなりムズカシイと思った。

男の人の中で働くのはムズカシイ？
じゃあ女の人の中だったらがんばれるのか。

西暦2000年頃のアメリカ。マダムたちの間ではネイルサロンは当たり前の存在になりつつあった。すっぴんのままジーパンとかTシャツ姿でうろうろ出歩いているんだけど、爪はとってもきれい。メイキャップよりもスキンケア。着飾るよりも中からきれいにするほうがリッチよね、みたいな考え方。わたしも「そっちのほうがいいかもな」とずっと思っていた。
一方、日本では、安売りの量販店でさらに値切ってでもシャネルのバッグが欲しい。部屋がどんなに狭くてみすぼらしくてもブルガリの時計だけは身につけておきたい、という人がかなりいる。それも悪くはない。だけど、もっと別の豊かさみたいなものをすっと提案できる人、そういう人になりたいなと漠然と考えていたんだ。

じゃあ自分でサロンを持つのはどうかしらと思って。
わたしは秘書をしながらネイルとかフットケアを教えてくれる学校にかよいはじめていた。学校から帰って友だちを家に呼んだら、みんなすすんで練習台になってくれて、みんな爪がきれいになったとすごくよろこんでくれたし、できばえをみても我ながら悪くないなと思ってた。ネイルはいくらやってても苦にならないし、やってる時間はまるで矢のように過ぎる。
だからじゃないけど、半年後には「会社をやめようと思うんですけど」と上司に伝えていた。
「突然どうしたの？」
上司は穏やかに言ったが、内心は驚いている様子だった。
「だって秘書はー」わたしは口をとがらせる。
「秘書は？」
「わたしじゃなくてもできる人いっぱいいるし。もっと若くてきれいな人が次第に良くなってくると思いますから」
上司は笑った。「辞めてどうするの？」

わたしはアメリカにおけるネイルサロン事情を熱っぽく語った上で、自分もいつかそういうサロンを開きたいんだと説明した。
「だれがやるのかな」
「じつはわたし、ずっと学校に通っていたんです」
「へえ。じゃあしばちゃんできるの？」
「できます。けっこううまいです。それにどっかのサロンに入ってさらに修行して腕をみがきます」
上司は顔をすこししかめた。
「サロンにいまから就職するのか」
「そうです」
そりゃ！　と上司は大声を上げた。
「そりゃ、道のりが遠いぞ！」
「遠いかもしれないけど…やります」弱々しく言う。
「そうか…。でもぼくはせっかくしばちゃんをかわいがってきたから、そんなバカみたいに遠回りするしばちゃんは見てらんない」
「そうですか」
「うん。ウエムラさんに提案してみたらどうだ」
「提案？　提案って？」
「会社に新しい事業部を作ろうっていう提案だよ」

あ？　と口を開けるだけ。びっくりして声が出ない。
「やってみなよ。まずは事業計画を立ててさ。それからやりたい店のコンセプトを作ってプレゼンして…」
「意味がよくわかりません」
「いいかい。まずその店を作るためにはいくらかかるのか、反対にその店は1ヵ月でいくらもうかるのか、5年でいくらもうかるのか。その事業がうまくいくかどうかを数字であらわすんだよ。それが事業計画。で、その事業が世の中でウケるかどうかを討議するための資料をそろえる。それがコンセプトになる。そのふたつを認めさせる。認められなきゃ、お金は出ないからね」
「ええ！　わかりません」
誰だってはじめはそうだ、と上司は言った。

「でもなんだって、いろんな人に聞きながらやりゃできるよ」

わたしは一生懸命だった。おまけにあわてていた。本屋さんに行ったり、友だちに聞いたり、実際のお店を見てまわったり、できることはなんでもする覚悟だったんだけど、そもそもとても恐ろしい話だと時々ふるえた。新規事業を立ち上げるための計画とコンセプトをさっさと固めてこいという。わたしを誰だと思っているんだ。わたしは秘書だ。スケジュールを管理し、お茶をいれつづけて3年。どう考えてもキャパ的に無理でしょとひとりごと。
でもふと思った。わたしは計画をまとめることだけに心を奪われていやしないかと。わたしがやろうとしているのは、効率よく利益を上げるための組織作りではなくネイルサロンである。そうだ。
突然イメージがぱーっとわいてきた。
デパートの中にできたばかりのぴかぴかのネイルサロン。そこには女の人たちがお買い物のついでに立ち寄れる気軽さがある。すてきな洋服や小物や化粧品を買った気分の高まりを感じながら、爪をきれいにしてお家に帰るんだ。
デパートはいくつもあるけれど、売っているものはだいたいどこも変わりばえしない。だからいままでに無いサービスをはじめて差別化をはかるのはどうですかと提案してみよう。

“シュウウエムラ・ネイルブティック”みたいな名前もすぐに思いついた。何色もマニキュアをおいてあるお店。サービスだけを売って、商品を売る方は目的じゃない。シュウウエムラのPRの一種でもない。あくまでも新しい業種なんです。

「面白いからやってみよう」
そんな話になった。

さっそくオフィスの物置みたいな場所をひとつつぶし、そこにネイルブティック事業部が誕生する。電話ひとつ、机ひとつ。出向で女のわたしひとり。
WDIは男だらけの会社で、みんなわたしのことをかわいがってくれて楽しかったけれどシュウウエムラは女だらけで、女の園だ。そこへわたしのような元秘書が中途で入ってきて、プロジェクトリーダーですなんていったらどうだろう。生意気に見えないか。いじめにあうんじゃないかと思ったら、おなかが痛くなった。

「この人に手伝ってもらいなさい」
新しい職場で、紹介されたのがカツタさん。
カツタさんはアフロの人。怖そうな人だ。
「しばたです、よろしく」
「カツタと申します。よろしくお願いします」
「カツタさん、わたしはここでうまくやれそうでしょうか」
「わたしは、しばたさんがここでうまくやれるように、一生懸命がんばります」
じつはカツタさん、すごくやさしかった。慣れないコミュニケーションの潤滑油になってくれた。社内からあがる反対意見や不満などのタテになってくれた。ゆくゆくはカッチャンという愛称でわたしにつきまとわれるようになる人。

ちっちゃなオフィスで、最初なにしよう。
カッチャンと雑談をしながら、半紙みたいな紙をどんどんと長くつなげて、わたしが大好きな言葉、それを大きく目立つように筆ペンで書いた。

Shoot for the moon. Even if you miss you will land among the stars.
月をめざそう。そうすれば、もしたどりつけなかったとしても、どこかの星に着陸するだろう。
〜レス・ブラウン

つまり「大きく、遠くに、向かっていこうぜ」っていうこと。
もしそれがダメだったとしても、得るものがいっぱいあって、星がいっぱいでキレイでしょ。
みんな、これが大事だから。気持ちを高く持ってやろうね。
ネイルの学校で友だちになった3人にも入ってもらった。
小さなチームが生まれた。

ところで、わたしがやろうとしているお店は本当に「いいもの」なのか？
ただ役員会を通過すればいいってもんじゃないと思う。お客さんが本当にきてくれるように、きてくれるまでのストーリーをノートに書いていった。
まずそのお店が利用されてるシーンが思い浮かぶ。
お客さんのライフスタイルの中にどうやってすんなりと、違和感なく、溶け込めるか。お客さんから見えるもの、感じられるものが現実の言葉になる。おしゃれに興味がある女性。感度が高い。ではエミコさん。もちろん仮称だ。
エミコさんは有名商社の受付嬢で年収は500万円、趣味はアロマテラピー、と想定して、じゃあエミコさんがよろこぶサービスを、たとえばハンドマッサージ。エミコさんにふさわしいカラー、それはいやしを連想させる白とベビーピンク…という具合に細かく考える。商品はシュウウエムラのだけだとエミコさんに少ないって叱られそうだから、他のメーカーからのものも入れていいですかって、ウエムラさんに頼んだら「いいですよ」と言われた。コースは1時間で色をぬりかえられるのがあったらうれしいな。つけ爪をつけるだけのコースもあれば、アートしちゃうコースもあったら楽しいな。エミコさん大よろこびだな。

わたしたちはチームでお店を作っていった。
やり方や手順の違いがあったらいけないから、毎日みんなで夜中まで練習をしておそろいにした。
そしてお店はだんだんとできていった。「みんなでエミコさんが気に入るお店を作ろう」って決めたから、うまくいった。どこかで誰かが「あたしはこれじゃいや」とか言いはじめていたら、それは自己主張になるから、みんなで正解を探しにくくなっていただろう。でもみんな「エミコさんはこういうの喜ばないと思います」という言い方をしていたから、それらはコンセプトに向かうための説得力のある言葉になっていた。あの人の意見はこうだから…というのとは一歩はなれた世界の中で、話し合いができていたんだ。

すごくいいこと。

オープンまであと1カ月を切ったとき、ウエムラさんが突然やってきて言った。
「他のメーカーのネイルを使うのはやっぱり…」
えっ！
「シュウウエムラのネイルですべてそろえたい」
えええ！　それは。それは、むずかしいと思います。だってシュウウエムラってたしか10色くらいしか色数なかったでしょう。とても足りません。
わたしが用意したかったのは300色。それは実際にいくつかのネイルサロンを体験して必要だと思った数。自分でリサーチをして、300色だって決めたし合意してもらっていた。それだけバラエティがあったらいいねって言ってもらっていた。
それなのにウエムラさんは、シャネルとかランコムなどの他社の商品が一緒に並ぶのがいやだって言う。気が変わったって言う。気が変わったならしょうがない。気が変わったと認める人に「前にOKしてくれたじゃないですか」というのはナンセンスだ。でもどうしよう。あせった。
心配しなくていいとウエムラさんは言った。
「フランスにネイルを作ってくれる工場があるから。そこへ行って300色作ってもらえるように頼んでみなさい。そこへ来週、行って」

なんて強引な、と口答えする間もなく「この人も一緒にね」と紹介されたのは開発のおじさんだった。おじさんはその場にもいたくないような顔をしている。変なことに巻き込まれてイヤみたいな顔をしている。

ありえないよ。だってその工場は伝統のある工場で、世界中のトップブランドのマニキュアを手がけているわけだし、ロットだって1色につき何万本っていうレベルなわけよ。相手が世界なんだから。ところがこの小さな一軒のサロンで使う量ときたら、せいぜいボトル5本もあれば十分だ。つまり1色につき5本から10本、それを300色そろえるなんてどえらく面倒くさい作業だし、あとまわしにされるのは当然だね。作ってくれるのかどうかさえ怪しい。そんなの無理に決まってる、とそのおじさんは教えてくれた。

そうか。そんなふうな話を聞けば、それは無理なように思える。
あのおじさんはわたしのことをまったく信用してない感じだし、まだ結果が出ていないわけだから、難しさを強調するのも当然だろう。

とぼとぼ帰りながら、どうしようかなって思った。
わかってるのは、店のオープンに間に合わせるためには、工場のラインにのせちゃだめだということだ。フランスからだと納品までに1ヵ月以上かかってしまう。とりあえずサンプルでもいいから、1、2ヵ月営業できる分だけもらってくればいい。
それでも「日本の工場で作る」という考えにいたらなかったのは、ウエムラさんとの付き合いが深い工場に頼むのが一番近道だろうという変な思いこみがあったから。わざわざフランスに行くんだから、いいことあるだろうと勝手に考えていた。

フランスに行くまであと5日間。
フランスではわたしの言葉は通じない。こんなサンプルを作ってほしいって、どうやって伝えればいいんだろう。300色もどうしようね。もともと300色は、他のメーカーから買ってきて適当にそろえるつもりだった。つまりコンセプトがなかったんだ。
でもまずコンセプトがないと。誰も作ってくれないし、動いてくれない。
たとえなんとか1色を作ったとしても、そのあとの色をみんなが自主的に考えてくれることがない。広がっていかない。

コンセプトとして、わたしは「お客さんの言葉」にしたがうことにした。マゼンタがなんだとか、彩度のパーセントがいくつだとかわからないから、いつも要求される言葉に対して3つから5つくらいの選択肢を出せるようにしたいと思った。
「真っ赤がいいの」ってよく言われるから、5色の真っ赤をご用意する。
「オレンジっぽいのがいいです」ってよく言われるから、みかんから夏みかん、バレンシアオレンジとかなんとか5色。
もしも「桜色ね」って言うなら、ソメイヨシノから八重桜まであらゆる桜をお見せしようじゃない。
その色にさらにパールやラメが入ったり、マットなものだったりといった加工ものがプラスされる。300の埋めるべきマス目も作った。
ネイルの爪をはがしたようなチップというものを買ってきた。そのチップに市販のマニキュアをあれこれ混ぜたりしながら塗って、300のマス目にどんどん貼った。
わたしのファイルと、工場の人にわたすファイルと、おじさんにわたすファイルの3冊がいる。だから合計900のチップを全部塗って乾かすという作業をまる5日間。わたしとスタッフとほとんど徹夜でやった。

「しばちゃん、疲れた顔してるけどどうしたの？」
ウエムラさんに呼び出された。隣にはおじさんもいた。
あの、わたし300色もシロウトだから全然作れません。作る自信がなくて、かといってぼおっと行って帰ってくるわけにもいきません。どうしたらいいかなと思って、こういうコンセプトにしたいと思って。
ウエムラさんに資料を見せた。

“お客様の口から出る言葉に対して、5色のバリエーションをご用意。シュウウエムラ・ネイルブティックのネイルカラー300”

「なにそれ？」
ウエムラさんの目が輝くのを見逃さなかった。
ピンクベージュは人気があるから10色そろえた。桜色といっても青っぽかったり、黄色っぽかったり5種類。他にもあずきを煮詰めたような色、鳩の血のような色、日のあたる若葉のような色とかいろいろあって。

フランス語ができないから、工場の人に「こんな感じのもの」ってファイルを見せればわかってもらえると伝えた。
ウエムラさんは「あなたこれ作ったの？　すごいね」と言った。
なによりも、目をまんまるにしていたのはおじさんだ。この子すごおい、この子すごおいとくり返しつぶやいていた。
帰り道におじさんはこそっと言った。
「こないだはあんな言い方をしてごめんね。ぼく、全力でしばたさんに協力するから。絶対、300色作ってもらってこようね」
わたし、おじさんの態度が変わって、すっごいうれしい。

ULYSSE

緊張して、3冊のファイルをかかえて飛行機に乗り、東京から1万キロメートル離れたパリの工場へやってきたが誰も出迎えてくれなかった。
工場長がふりかえり、にらみつけてくる。
「だめだ、いまいそがしいからやめろ」
「はい。じゃあいそがしくないときにきます」
素直に引き下がる。

また、翌日顔を出す。
「いそがしいんだ」
「いそがしくないときは、いつですか？」
「わからない。ずっといそがしい」
「じゃあまたきます」
素直に引き下がる。

また、翌日顔を出す。
「いそがしいと言っただろう」
「たしかそうでした」
「だから帰れ」
「でもまた明日もきますよ」
「帰れ！」

そんなやりとりを1週間連続でくり返したら、工場長に「うるさい！　じゃあラボラトリーに入れ。若い連中を使って勝手に作ってろ」と怒鳴られた。
わたしたちはラボラトリーに入り、そこにいた若い職人さんたちにファイルを渡して、あんな感じ、こんな感じ、と伝えながらシュウウエムラのカラーボトルにどんどん新しい色を詰めてもらった。そうそうそんな感じ、すごくスムーズにいっちゃって。なんと3日間で300色ができてしまった。できるじゃない。おじさんと笑みを交わす。
調合のときのサンプルボトルはまるで試験管みたいだった。それをシュウウエムラのボトルに移し替えて、日本へ持って帰ろうとすると工場長に「だめだ、持って帰るのはやめろ」とまた怒鳴られた。
「え、そんなのひどい。どうしてですか」わたしは突っかかる。
工場長は首を振った。「いろんな手続きに時間がかかるんだ」
手続き。その言葉を聞いてざっと血の気が引いた。それはたいてい異常に長くかかるものだ。
「でも…サンプルを持って帰らないと、お店をオープンできないんです」
「だめだ。無理だ。工場で正規の物を作ってからにしろ。じゃなきゃまずい」

「工場で作っていたら間に合わないんです」
「だめだ」
なんとかなりませんか、と頭を下げたのは隣にいたおじさんだ。
「小さな店だけど、彼女が初めて作る店なんです。彼女はここへたどりつくまでの間ほとんど寝ていない。なんとかサンプルを持って帰らせてあげたいんですが…」
たしかそんなようなことを言ってくれたが、ちゃんと意味が伝わったかどうかはわからなかった。
「だめだといったらだめなんだ」

後日、工場長から突然「どうしようもねえ」と言われた。
「おかしな日本人がきておれのラボラトリーでなんかしやがった。でもおれは見ていない。はじめからそんなサンプルはなかったんだ。持って帰りたければ、勝手に持って帰りやがれ」
わたしは工場長にお礼を言い、おじさんと二人で300色×2本ずつのネイルを袋に詰め込み、背負い、どきどきしながら飛行機に乗り成田に帰った。

一軒のネイルサロンのために、わたしはがんばった。
人を募集して、やり方を教えて、サービスを考えて、デパートと交渉をして、お店の箱そのものを作り、自分で店長にもなった。
辛口の奥様とか、流行に敏感なOL相手に、ネイルケアもフットケアもした。
デパートの裏口をとおって、支度部屋で制服に着替えて、すごいロッカーとか狭くて、朝から晩まで接客を続けていて、それはそれで楽しかったんだけど、このお店の中だけでがんばっていても、外へ広がっていかない。そういうことをしてくれる本社に、このお店の担当者がいないからだ。
そこでわたしがやった。企画書を作って営業をして回って、ディスプレーを新しく変えるために打ち合わせをして、そんな風に外に出る仕事を主にした。だから現場はみんなにまかせることにした。

しばらくたってから。
ある日、デパートの課長さんが教えてくれた。
「お店の人たちが、しばたさんにはついていけないって言ってる。みんな一斉にやめる、くらいのことを言ってる」

言われて、わたしあまりにもびっくりして。

300色のネイルをそろえていたときは、仲良しだったのに。
お店を立ち上げる前には素晴らしいチームワークがあって、オープンして、最初はすごい楽しくて、だいぶ時間が経ってからはちょっと空気が違うかなっていうのはたしかに感じはじめていたけど、そりゃ5坪のところに、6人もいたからね。
返事のしかたも微妙になっていたし、彼氏の話とかまったくしなくなったし、なんとなくわかるわけ。
でもそんなにひどいとは思っていなかったから、デパートの課長さんに教えてもらって、その日はあまりにも落ち込んでしまった。

わたしはお店を広げたいと思っていた。広がれば、みんながそれぞれ店長さんになって、お給料がよくなるし。それがわたしたちにとって一番良いことだと思ってた。
だけどよく考えたらわたし、そんなに偉くなかった。打ち合わせの途中でケーキを食べちゃったし、公園でさぼっちゃったこともあったし。
自分をすごく責めて。
わたし、自信をなくして。
ボスのところへ駆け込んだ。

「わたしはもうダメだから。みんなに好かれてなくて、能力がないみたいです」
ボスはわたしの顔をしばらく見たあと、冷静な口調で言った。
「しばちゃん。ぼくはいままで、一軒のお店のみんなに好かれる女将さんになってもらうために仕事を教えてきたんじゃない。そんな意気地のないことを言ってるなら出て行きなさい」
「はーい出て行きます」と言って、とぼとぼ帰った。

実際問題として、もうやめようと思った。
一晩、今までの出来事をゆっくり思い返した。泣きはしなかった。ひとつ気づいたことがあった。「できなかった」という結果をひとつでも残したら、あとでもっと大変なことが起こったときに、「あのときできなかったから」と考えるようになるだろうな。それはおそろしいものだな。

わたしは翌日お店に戻って、スタッフを一人ずつ呼び出した。

1時間から2時間くらいかけて、本当のところはわたしのことをどう思っているのか本人たちから直接話を聞いた。謝った。すると関係は回復した。
そんな光景を見ていたデパートの人たちは「そんなに真面目な人は見たことがない」とわたしのことをほめてくれて、あなたのことを応援してるからと言われた。そんな言葉が心強くて、もっとがんばれるような気がしてきたんだ。

CHAPTER 5
STARTING AT ZERO ONCE MORE

アフロのかっちゃんに助けてもらいながら、シュウウエムラ・ネイルブティックを何軒かぽんぽんと作っていたあるとき、ボスから「事業開発部を作るから本社に戻ってこないか」と言われた。
わたしは「それはなんですか？」と聞いた。

WDIという会社はハードロックカフェやトニーローマ、カプリチョーザなど、国内外を問わず良いお店を見つけて、そのお店にロイヤリティを支払い、そのままの味とサービスとクオリティをそのままの値段で提供するお店を増やすことを得意としていた。でも自分たちでゼロから生み出せるようにもなりたい。そのために事業開発部を作るので、しばちゃんやりなさいと言われた。

レストランはやったことない。ないなあ。
自信がなかったけれど。お断りするという発想が浮かばなかったので、やろうと思いまたWDIに戻ることにした。うれしかった。

WDIでは秘書しかやったことがない。
またゼロからか。

デスクは営業部のすみっこの方にあり、想像どおり、そこの雰囲気はいかにも“外食産業”みたいないかつい感じで、男の人ばっかで、女の人はサポート業務っぽい人ばっかりだった。
この職場でわたしはレストランを作る。とにかく考えて全部やるんだ。
全部ってなんですか？
このお店は繁盛するんですよという資料を作って、役員会で見せて、ＯＫをもらったら場所を探して、家賃を交渉して、レストランの雰囲気に合うように建物をデザインしてもらって、工事をして、誰かと料理を作って、レシピにまとめて、採算が合うようにして、はたらいてくれる人を集めて面接し採用し教育をして、わたし自身も現場で立ち働き、そして流行らせるんです。

がんばろうという気持ちがあった。最初はね。
でも日々「外食とはどうやるものか？」「レストランはなにするとできるのか？」みたいな疑問に答えてくれそうな本を本屋で買って、読んで、いわゆる“外食産業”で有名な人の写真を見かけると、けっこう派手派手しくて、水商売っぽくてなんかこわいなと思った。

わたしがぼんやりと調べ物をしている間、他の人たちは一生懸命いつものように働いている。わたしはなにから手をつけていいかわからない。みんなが働いて稼いでいるお金なのに、わたしが失敗したらそのお金が無くなっちゃう。これが立場というものだろうか。立場もこわいなと思った。
本屋さんで本を読んでいても、こわそうな人が多いなあという印象が強まるばかりで、これはまいったなと思っていたある日、会社でもちつき大会が開催された。
そのとき、おもちを食べにきていたキリンビールのしまだしんいちさん、しんちゃんっていうんだけれど、その人にボスが「しばちゃんがレストランを作るから、いろいろ教えてあげて」と言った。
「じゃあしばたさん、一緒にレセプションっていうものに行きますか？」としんちゃんは明るく応じる。
「はい、レセプションに行ってみます」
「西麻布でレセプションがあるから行ってみましょう」
「レセプションに行きましょう」
レセプションってなんだ、と思ったら、みなさんのおかげで無事に開店することができましたというお披露目パーティーらしいということがわかり、なあんだお披露目ねと思いながら西麻布に歩いていった。

そしたら、すっごい派手で。
とんでもないお披露目をまのあたりにしてひどく驚いて。
で、これは、とてもわたしがやっていける世界じゃないなと思った。
みんな夜な夜なラウンジで飲みながら、トレンド情報をつねに交換しあって、現場に持ち帰ってということをくり返し、そうやってお店を流行らせていくんだろうけれど、わたしにはそれはできっこない。

肩を落として、もちつき大会を終えたばかりの会社に戻ってきてボスに言った。
「わたしはWDIのみんなが稼いだお金を使って、自分でレストランを開き、それを流行らせる自信がないですから。無理だから辞めようと思います。引き受けたけれど辞めようと思います」
ボスはじっとわたしの顔を見つめる。
「しばちゃん、それはおかしいよね」
「どうしてですか」
「しばちゃんはぼくのことを尊敬しているからここで働いてくれている。違いますか？」
「違いません。尊敬しています」
「ぼくはしばちゃんを見込んで、あなたならやれる、と伝えた。それを断れるほど、あなたは偉かったんですか？」
そんなに偉くないと思った。そうきたかと。そう言われれば、そんなに偉くはなかった。
「偉くはありません」
「じゃあどういうのが正しい態度ですか？」

横断歩道を歩いているときに、前にいた女の子４人が「今日、なに食べよっか？」という話をしてるのを聞いて、ああ、と思った。この女の子たちはわたしと同じような年格好だったから、わたしがやるべきことはこれだと思えた。
飲食店の経営者たちは派手な人たちばっかり。だけど、実際にお金をチャリンと払ってくれるのはこの女の子たちだ。この女の子たちが自分で稼いだお金を出そうと思ってもらえるお店だったり、好きな人とデートをするときに「一緒に食べたいな」「雰囲気を楽しみたい」という希望にちゃんとこたえられるお店。
それを、わたしが、作ればいいんだ。

はりきりだした。
3日間で企画を6個つくった。小さいのを2個、中ぐらいを2個、大きいのを2個。
それを役員会でプレゼンしたら「どれでもいいからやってみろ」と言われた。
「ふらふら歩いてたら、新一の橋で良い物件が空いてたぞ。あそこに似合う企画はしばちゃん、どれだ？」とボス。
「レインボー・ロール・スシっていうのです」わたしは即答する。
ボスはうなずいた。
「じゃあそこの物件、取りいけ」

鳥居坂という急な坂をすたすた下って、物件を見に行くと、そこは通りに面したビルの2階にある人気の物件らしくて、すでに10社くらいから申し込みがあるんだよとオーナーさんは誇らしげに言った。
「お店のコンセプトを教えて」
「コンセプト？」
「どういうお店を作ろうとしているのか、やっぱりオーナーとして知っておきたいんだよ。ビルの上はマンションだからね。階下のお店がカッコ良ければカッコ良いほど住人たちに喜ばれるわけ。だからどういうコンセプトか教えて」

わたしはコンセプトを語った。
留学時代、Sushi kushi TOYOでアルバイトをしていたときのお寿司。お寿司なんだけどとてもカジュアルで、なのに優雅でリッチな雰囲気にあふれている。色とりどりのロール状のお寿司を大勢で囲み、ワインを飲みながらいくらでも話ができちゃうようなお店。白人とか黒人がジーパンとかTシャツでどやどややってきて、飲みながら馬鹿笑いしている姿がすごくかっこよくて、豊かに思えて。

当時、日本でお寿司と言えば、上司におごってもらったり、家族でお父さんにご馳走してもらったりというパターンが主だった。なかなか女の子同士、友だち4、5人で集まって食べるというシチュエーションはない。
でもおしゃれに敏感な女の子たちが入りたいと思うお店があってもいいじゃない。ニューヨークからやってきた、スタイリッシュでカジュアルなロール寿司専門店、というコンセプトだった。

ターゲット客については特に思うところがあった。
なんだってそうだけれど、「みんなのため」に作ると結局ただの多数決に終わって、せっかくの個性が薄まってしまう。
だから「誰に一番好かれたいか？」ということが重要だと思う。それはあるカフェを観察してて学んだ。そのカフェにはオープンスペースがあり、そこにはいつも芸能人とかモデルさんがいっぱいきてて、彼らはお店の前の方に座る2割のお客さんだった。でも後ろ8割の客席は暗くてあんまりよく見えない。ここにはもちろん一般の人たちが座ってる。
大切なのは、前2割の客席をどれだけかっこいい人たちで埋めるかということ。その風景に憧れる人たちがやってくるんだから。
後ろ8割を埋めるには、前2割の人たちの感性を満足させなきゃいけない。

ターゲットは
「イメージ客」と「リアル客」の2種類。
「イメージ客」のターゲットは一人に絞った。

妄想。
わきあがってくるもの。

アレックスに好かれるように、わたしはイメージをふくらませる。
わたしが仕立てたターゲットは「アレックス」という実在する友だちだった。
アレックスはアメリカンチャイニーズで、やたらとテニスがうまそうな感じの、さわやかな、外資系の企業につとめていて、西麻布とかに住んじゃって、ぱりっとしたスーツにリュックを背負って自転車に乗ってさっそうとオフィスに通う素敵な人。
そのアレックスが会社の帰り道に「今晩、あいつらと飲むか」と思い立つ。男の子2人をメールで誘う。仕事が終わってから集まることにする。アレックスは西麻布に住んでるから、いったん家に荷物を置いて、Tシャツと短パンに着替えてからレインボー・ロール・スシにやってくる。友だちのひとりはスーツ姿で電車に乗ってやってくる。ひとりはクリエーターでジーパンをはいてる。で、3人のかっこいい男の子たちがロール寿司を囲み「最近どう？　かわいい女の子見つけた？」とか、たわいもない話をして、ニューヨークらしくミントのいっぱい入ったモヒートで乾杯して、おっきな木のボウルに入ったサラダを食べて、サラダにはサーモンスキンとか岩のりとか幸せそうな食材がふんだんに盛られてる。
そういう風景。

かっこいい男の子が集まるお店。
それならかっこいい女の子が集まってくる。
それを見ていて、一般の人たちも集まってくる。

「リアル客」はOLさんだ。

OLさんに「これはOLさんのためのものですよ」と言ってもだめだ。自分のことをただのOLだと本気で思っている人なんて、そんなにいないんだから。
たとえばOLさんにこう伝えるとする。
「あなた、いつもアイロンかけるの大変でしょう。いつも時間なさそうにしているし。かといって毎回クリーニング代を出せるほどお給料が良いわけでもないですよね。この商品はそんなあなたにぴったり！　形状記憶のシャツです。値段も安めだし、アイロンいらず。これはあなたのために、いまの日本のOL事情に合わせて作りました！」
「あら私にぴったりね！」
とは絶対にいかなくて、そのシャツをキャメロン・ディアスが着ていたほうが「わたしも（そのイメージが）欲しい！」ということになる。

かっこいい男の子ばかり集まってて、「わたしもそこが似合いそう」と感じられるような世界観。そんなお店を作って勝算があるのかどうかと聞かれたら、ある。あるというか、自分ではすごくいいと思う。
すくなくともわたしの友だちは喜ぶんじゃないかという感触があった。

「しばたさん、あなたのお店に決まりました」
物件が決まった。

次はお店の設計をしようと思った。とにかく一番時間がかかるのが「箱を作る」作業だと聞いてたから。スケジュールをすべて書き出していった。シュウウエムラのお店をやっていたからすこしは知識があるんだ。
「箱を作る」「人を集める」「商品を作る」「宣伝をする」でお店はできる。それらをスケジュール表に並べていって、この期間で大丈夫ですかといろんな人にたずねて歩き、うん、このとおりにいけば店は開くよと教えられた。

とにかく箱の内装を作る人を見つけないと。内装はかっこいいほうがいいから、ニューヨークみたいなかっこいいのを作れる人にお願いしたい。

わたしは上司に言った。
「いいデザイナーに、かっこいいのを作ってもらったほうがいいと思うんですけど」
上司は「ぼくもそう思う」とうなずいた。わたしは心の中でよしと思った。
「じゃあしばちゃん、コンペをやってくれ」
コンペか…この人はコンペをやれって言うんだ。わたしは言った。
「その人の腕が良ければ良いほど、コンペに参加してもらうためのお金が必要になります。タダでやってもらうのは失礼にあたると思います」
そしたら、上司は苦い顔をした。
「しばちゃんにはそんなお金はあげません。ただで参加してもらいなさい。コンペに通ればその人はお仕事をもらえるのだから」
そりゃそうですけれど。わたしは抵抗する。
「それはごく平凡な、いけてないデザイナーならそうかもしれないけど、一流のデザイナーならコンペに参加するだけでお金が出ると思うはずです」
「だめだ。しばちゃんはまだ実績を出していないんだから。デザイナーを指名する権利もない。だからコンペだ」

コンペか。

わたしはデザイナーを知らない。知ってそうな人も知らない。皆無だ。
そこでまた本屋さんへ行って＜建築＞とか＜インテリアデザイン＞と書いてあるコーナーで片っ端から雑誌を手に取り、『月刊商店建築』を眺めてこれはかっこいいなと感心した。
でも買って帰るお金がなかったので、メモ帳になんとか事務所の誰々みたいな情報をこっそり書きうつして帰り（内緒）、電話をかける。
「あのすいません。こんどわたしが新しいレストランを作ることになりまして、設計のお話を聞いていただきたいんですけど、ターゲットはこう、アレックスがよろこぶような空間で、ただ単刀直入に申しますとコンペなんですけれど」
「うちはコンペはやりません」
「そうですか。では今度わたしが指名できるような立場になったらまたお電話させていただきます。すいませんでした」

わたしはめげない。メモに書いたデザイナーさん一人一人に電話をして、こういうお店を作りたいと説明した。
とにかくそこはアレックスがよろこぶような空間なんです。ここは日本じゃない！みたいな感じがあって、そこにいる自分がすっごいかっこよく感じられて、金曜の夜にここにいるんだからぼくもなかなか捨てたもんじゃないと、週が明けたらまた元気に仕事をがんばろうと。同僚や上司の悪口を言うよりも、週末はなにをして遊ぼうとか夏休みをどう過ごすのかとか、次は仕事をどうしていこうみたいな、そんな前向きな話題であふれかえるような空間にしたいんです。

同じような話を、会う人会う人みんなに言いふらしていたら、ある人から「しばちゃんが言っているようなお店は、コサカリュウさんという人が作ってくれそうだ」と教わった。
コサカリュウさんか。大急ぎでコサカさんのことを調べて、連絡をしてみたら、会いましょうということになったけど、当日、道がすっごい混んでて、しかもタクシーが道を間違えて20分も遅刻してしまったから、初対面の人をこんなに待たせてしまってはもう絶対ダメだと思った。
会社の玄関に白髪の180センチ以上ある大きな人が立っていて、すっごい怖くて、もうおしまいだと思った。だけど、その人はにっこり笑った。

そのときのコサカさんは今ほど有名な人じゃなかったけど、年上で、この人はどこか素敵だなと思いながら、またわたしはわたしが作りたいお店について語った。もう8回目くらいだった。
あとで聞いた話だけど、じつはこのときコサカさんの会社の部長も一緒にわたしのことを待っててくれたみたい。WDIは大きな会社だったからとかそういう理由もあると思う。でも部長はタクシーから降りたわたしのことを見て「あれ？」って帰っちゃったみたい。こんなちびっこがやってきて、きっとびっくりしたんだと思う（のちに部長から「コサカを育ててくれてありがとう」と言われることになるんだけど）。そんなちびっこの話に、コサカさんは真剣に耳を傾けてくれた。
言葉が通じた、って感じた。
同じ日本人に向かって、同じ日本語をしゃべってて、同じ温度で、同じ思いが伝わってるっていうこの感じは、大人になってからはひさしぶり。
コサカさん、わかってくれたと、肌で感じられた。
でもコサカさんはわたしよりだいぶ年上だし、お忙しいと思ったし、コンペのお金も払えないような状況だったから「若い人たちに仕事を振る形でもけっこうですから」と言い残して帰ってきた。気分は良かった。

その一週間後にコンペの日がやってくる。

わたしが作るのはたった1軒のお店。でもどのデザイナーさんも力を注いでくれて、CGとか模型とか緻密なイラストなどをいっぱい持ってきてくれた。その中にあって準備期間が短かったコサカさんが出してくれたのは、手書きの白黒鉛筆の絵（パース）だけだった。
わたしと役員みんなで選んだんだけど、コサカさんの作品は見た目があまりにも地味なものだからはずされて、他の人に決まりそうになったんだけど、たしかに他の人たちの作品はすばらしかったんだけど、「コサカさんの絵がイメージと違う」とわたしは思った。
妙に気になっていた。わたしの言葉が通じたはずなのに、あの人はわたしの話を理解してくれたはずなのに、こんなのはないだろうって。
手書きの白黒鉛筆のことじゃない。どうしても見過ごせなかったのがテーブルの上に描かれた照明器具だった。

「これはわたしのいうニューヨークじゃない。役員の方々、申し訳ありませんがもう一週間だけ時間をください」
そうお願いして自分の席に戻り、コサカさんに電話をした。

「これは一体どういうことですか？」

おおっ、とコサカさんは声を高くした。「それに気づいたのか。今朝その絵があがってきて、ぼくもちょっと違うかなと感じたんだ」
「それは、違うでしょう」
「でもしばたさん、ぼくは若い人のセンスの方が、しばたさんよろこぶのかと思って若いスタッフにまかせたんだ。仕上がりについても口を出さなかった」
「よろこびません」
コサカさんはしばらく黙った。
「もし時間をいただけるなら、ぼくが全部、線を引き直す」

後日見せてもらったのが、レインボー・ロール・スシの設計だった。
板前さんとの会話を楽しめる寿司カウンター、そこ以外に和のものはない。店内の中央に配置された大理石のロングテーブル。ニューヨークのバーを彷彿とさせる。モダンな壁に包まれたブース席がある。少し上がったところには小さなパーティーもできるロフト席がある。わたしが想像したニューヨークと、想像した以上に洗練された空気が、紙の上にあった。

コサカさんが素晴らしい箱を作ってくれる。
だから、ちゃんとおいしいものを用意して恩返しをしようと思い、わたしが大好きな美登利寿司さんに協力をあおいだ。あいちゃんというアシスタントと一緒にお寿司屋さんに通って、5時間も6時間もお寿司を食べ続けるのだ。このマグロの漬けロール、マグロをもう1ランク上げて握ってみてください、中身を貝割れじゃなくて、紫蘇にしてもう1回握ってみてください、白ごまを黒ごまに変えてみてください、アウトサイドロール（お米を外側に出す）にして飛び子をつけてください、とかお願いしながらどれが一番おいしいかを試しているんだけど、だんだん胃に血が集中してきて「あいちゃん、顔がみどりいろになってきたね」と二人でだんだん元気をなくしたこともいい思い出。
そんなわたしのために、日本食レストランの大将、Sushi kushi TOYOのとよさんは、シカゴでヒットさせた大切なレシピを無償でたくさんくれた。

同時進行で人を探している。レストランは人が命だと言われ、いい店長さんがいないとアルバイトの人たちもやりがいが生まれず、儲からないという。

店長だれだ？　と考えてすぐに思いついたのは、まれすけさんという高校時代の先輩だった。泣く子も黙るまれすけさん。チーマーをやっていて、ナイフを持ち歩いていて、センター街で逮捕されたこともある人。でもわたしはまれすけさん、怖かったけれど、ずっと大好きで、絶対いい人だと思っていた。のちに飲食の世界に進み、青山のレストランのマネージャーをつとめたあと、ワタミの居酒屋で優秀な店長さんになっているという話を聞いていたので、すごい久しぶりに電話をかけてみたら、「その店やるよ」とまれすけさんは即答してくれた。

「まれすけはダメだ」と上司に反対されてしまう。まれすけさんの悪い時期を知っていて、あんなに悪い人を店長にするのはダメだって言われた。
わたしはすぐまれすけさんに電話をかける。
「ごめんなさい。わたしの力およばず。店長にしてもらえなくなっちゃった」
「そう」
「副店長だったらいいって言うんだけれど。まれすけさんは実績がある人だから、店長じゃないとおかしい。まれすけさんをあきらめる」

「いいよ。でも結果を出せば店長にもなれるんでしょう？」
「そりゃそうだろうけど、失礼にあたると思う」
「しょうがないよ実績ないんだからおれ。でもしばの店うまくいくと思うからやるよ。やらせてよ」
副店長からはじめたまれすけさん。のちにWDI史上最短で利益を出して、店長になるという歴史を残したんだけどそれはまた別の話。

こんどは料理長を探すことにする。本場のニューヨークで生まれたロール寿司を出すお店だから、それを作る人はお寿司屋さんの人ではなく、アメリカの空気を感じさせる人が良かった。
それは、あきおさんだと思った。
あきおさんはSushi kushi TOYOでお寿司を握ってた人だ。あきおさんに電話をして、シカゴから日本に移住して料理長になってくれませんかと頼んだら、ダメだと言われた。でもすぐに「やっぱ面白そうだからやってみるわ」と言い直し、あきおさんは日本に移住して料理長になってくれた。

ずっとアルバイトを募集していた。だけどなかなか「かわいい人」と「かっこいい人」が現れてくれなかった。

わたしのイメージはニューヨークだから、かっこいいウエイターとウエイトレスは絶対条件であり、ブスの人は大変申し訳ないがだめだった。
でも向こうから現れてくれないなら仕方ない。夜な夜な六本木の店を飲み歩き、かわいい子を見つけては「うちでアルバイトをしませんか？」と声をかけて回って、その行為がいけないのはわかっていたけど、本当にきてほしかったから真剣に「そんなにお給料は高くないですけれど、このお店で働いていて良かったと感じてもらえる自信がありますので来てください」とお願いすると、けっこう来てくれた。

お店のテーマ色は、ロール寿司の定番食材である「アボカドグリーン」。そして壁の一面を、その印象的な色で塗った。それくらい強烈なシーンがほしかったんだ。わたしの食の思い出の一つ一つは、どれも一枚の写真で作られている。レインボー・ロール・スシに来たみなさんにも、一枚の写真を持って帰ってもらいたかった。
お店に入って階段を上がり、見下ろすとど真ん中に9メールほどのロングテーブルがある。そしてその奥に寿司カウンターがどんとある。カウンターが背負っている大きな壁が、アボカドグリーンでばんと迫ってくるわけだ。

このシーンは、お店にきた人全員がまず見ることになる。こんなライブ感もレインボー・ロール・スシの売りの一つです。
というようなストーリーをDMにしてマスコミ各社に送ったら取材がわっと殺到して、お店の中が急にはなやかなムードになった。レセプションには1000人近くの関係者が押し寄せてきて、近隣に大変なご迷惑をかけ、警察の人にも怒られ、申し訳ないことをした。
「しばちゃんのお店作りは楽しいね。まるで文化祭みたいだ」ってボスは笑っていた。
「もうかる文化祭ならいいでしょ」とわたしも笑った。

もうかる文化祭。

それがたのしかったからわたしはもっともっとお店を作った。
わたしがコンセプトを作って、わたしが場所を見つけて、みんなでコンセプトを共有し、みんなでお店を作り上げていった。

たとえば週末にメグ・ライアンがすっぴんにティアドロップのサングラスをかけ、フレンチトーストを食べにくるようなお店。それが青山のシドニーブルーというカフェになった。(残念ながら今はなくなってしまった)

丸の内のヤッピーがスタンディングバーから東京を空から眺め、シャンパンで喉を潤し、オイスターをほおばりながら、自分の成功をじっくりかみしめるお店。それはブリーズオブトウキョウというフレンチジャパニーズのレストランになった。

で、まあお店を作るのはすごい大変なんだけれど、やっぱりそのお店でお客さんたちが楽しそうにごはんを食べている風景を目にすると、ぐっとくる。
さらに、なによりもうれしいと感じたのが、お店で働いている人たちにこう言われたとき。
「しばたさんのお店、イケてるからこんど友だちを連れてきます」
そんなことを言われたら、うれしくて忘れられないじゃない。この感じはなんだろう。一体感？　一体感があった。大人になって、ひさびさに味わえたものだ。とにかく忘れることができない。ありがとう。

CHAPTER 6

GOING TO THE NEXT STAGE

WDIをやめた。

いままでのわたしはかなりラッキーだったと思う。
わたしは会社員だから、会社の中のほかのお店の利益を使わせてもらって、わたしは自分で考えたコンセプトのお店を作ることができた。実際うまくもいっていた。
でもわたしのお店の企画コンセプトは、本当に「企画コンセプト」だけでお金を出してもらえるものなのか。人様に認めていただけるのか。ほかの世界にいったら通用しないものなんじゃないのか。…なんて思い悩む時間も増えてきて。
アシスタントのあいちゃんも彼氏と結婚してニューヨークに行くなんていう話をしてるし。

そんなとき、際コーポレーションという会社にすごい社長がいることを思い出した。
中島社長という人なんだけど、いくつもレストランを抱えて、どれもこれもものすごいスピードで成長させていた。凄腕だから。でもそれだけじゃなくて、この会社ならではの強みがあった。それは「会社の中にクリエーターがいる」ということ。

わたしがWDIにいたときは、お店を作ったり、ロゴを作ったりする仕事を外の人にお願いしていたから、たとえば「お客さんがあんまりこないのは、お店の入り口がいまいち魅力的じゃないからかも」と思ったら、改装するかどうかを会議にかけて、みんなで決めて、業者に見積もりを出してもらって、デザイン案を出してもらって、イメージをすりあわせて、とやっているうちに1ヵ月、2ヵ月と時間がたっていたものだ。
でも際コーポレーションには美術部や工事部という部署があって、「入り口がいまいちだ」と思ったら、一晩でがらっと変えたりと展開がめちゃくちゃ早い。

それを見てていいなあと思って。
あのスピードってなんなんだって。
あんな風にどんどんことが進むってどんな気分？

そりゃ楽だ。ここを変えてくれという上からの指令を、ぱっと理解して実行に移すクリエーター部隊がいるんだから。しかもその部隊は人気があって、他のレストランや旅館から「うちのお店もやってよ」って依頼がひっきりなしなんだから。

「それもぜひ受けたい仕事なんだけど、ビジネスとしてきちんと成立させられる人がいないんだよね」と中島社長は言った。
「そうですか。それはもったいないですね」
「しばちゃん、うちに入らない？」

入らせてもらうことにして。
そしてまた机ひとつ、電話ひとつから出直しだ。これで三回目。だけど、こんどのわたしは取締役だ。イートスタンダードという子会社のね。
大々的に記者会見とか開いた。並びには偉い人たちが座っていた。だけど、本当にやるのはわたしひとり。実際に新しい事業をスタートさせるのはわたし。わたしが会社を軌道にのせなきゃいけない。

わたしはお店ひとつで四苦八苦していた。でも中島社長は同時にみっつ、これは中華、あっちはイタリアン、そっちは和食と口ぶえをふきながら、ロールスロイスに乗って現場に向かうような人だった。

「行くよ」と言われたら、わたしはどんなに仕事が大変でも手を止め、その車に乗り込まなきゃいけない。
「料理番組ごっこしよう」
わたしはすぐに対応する。おかずの時間になりました。では中島シェフ、そろそろしめじのおいしい季節になりましたが今日はどんなお料理を？
「うん。普通だったらベーコンと合わせるところだけれどもぼくは中華ハムを使ったスパゲッティを作りたいです」
「それは面白いアイデアですね」
「だめだしばちゃん、しめじじゃつまんないよ」
「じゃあ鴨ならいいんですか？」
そんなことを言いあいながら現場に到着。
明日がオープンというお店の中に入るなり、社長ははいダメこれダメと店にある備品を次々と捨てていった。ダイナミックな人だ。すぐに工事部の人が出てきて大あわてで直しはじめる。中島社長は全然気にしない。どう見てももうおしまいな現場。なのになぜかオープン前にはピタッと間に合った。
「さすがでしょう、おれ」という自画自賛ぽい顔を見せられ、わたしはあきれる。

ある日、高校のときの友だちに頼まれて、彼のサーファー仲間と会うことになった。彼はふじたさんといって石油会社のJOMOにつとめている人だっていうんだけど、なぜJOMO？でも友だちの紹介だからな、とふじたさんがくるのを待った。

「ガソリンスタンドはどうですか？」
「はい。すごくやりがいのある仕事です」
「そうですか。それはすばらしい。それであの、どういったご用件でしょう？」
聞くと、ふじたさんは目を輝かせた。
「JOMOは全国に何万人ものスタッフがいて、みんなつなぎの服をきて、ガソリンやオイル、冷たい水にまみれて24時間、春夏秋冬、立ち働いています。でもお客さんがガソリンスタンドを選ぶ理由は、ただ近いからとか、値段が他店よりも安いからといった、たいていそんなもので、結局はガソリンがなくなって仕方なく行くところなんです。それだってありがたい話です。

ATLANTIS
BUS

でもそれだけじゃあ、大勢のスタッフたちが報われないし、この業界の未来もないんじゃないかと憂いているんです。現場はものすごくがんばっているし、ぼくはそんな現場が大好きだ。だからお客さんにも『JOMOが好きだから』とJOMOを選んで来てくれるような、そんなガソリンスタンドを作りたいんです」
その話を聞いたとき、すごい、なんてすばらしいココロザシなのかと思った。わたしはココロザシが高い人が大好きなので、いいなと思った。
「でも、わたしガソリンスタンドやったことないんです」
いいえしばたさん、とふじたさんは詰め寄った。
「あなたは空間やサービスで、お客さんを楽しませることができる人だ。レストランでそれができるなら大丈夫だと思う」
この人は突拍子もないことを言う。
「もちろん専門的なことは、ぼくがすべてお教えしますから」
でもすごい楽しそうだし、やりがいがありそうだから「やってみたいです」って答えた。
するとふじたさんは急に声のトーンを落とし「夢は大きいんだけど、仕事は小さくて」と言った。
わたしに頼んできたのはポスター1枚。報酬は3万円でということだった。

「はい。じゃあがんばって作ります」という返事をしたものの、内心はなんじゃあ、みたいな。

ガソリンスタンドは「お客さんが魅力を感じるお店作り」という点では遅れているなと思っていた。オーナーの趣味で貼られたカレンダーとかポスター、タイヤメーカーの宣伝のぼりなんかがでたらめに存在している。そういう空間に「ぜひ一度訪れてみたい！」とはなりにくい。あと、たとえお客さんに良かれと思って、新聞を5紙そろえていても女の人はよろこばない。それなら気の利いた月刊誌が1冊でもあればいいのにと思う。

頼まれたのはポスター1枚だ。
でもそこにも
コンセプトがあったほうが楽しい。

行ってみたくなる、入りたくなる、また来たくなるための、ポスター。

Barcelona
Totes Direccions
Todas Direcciones

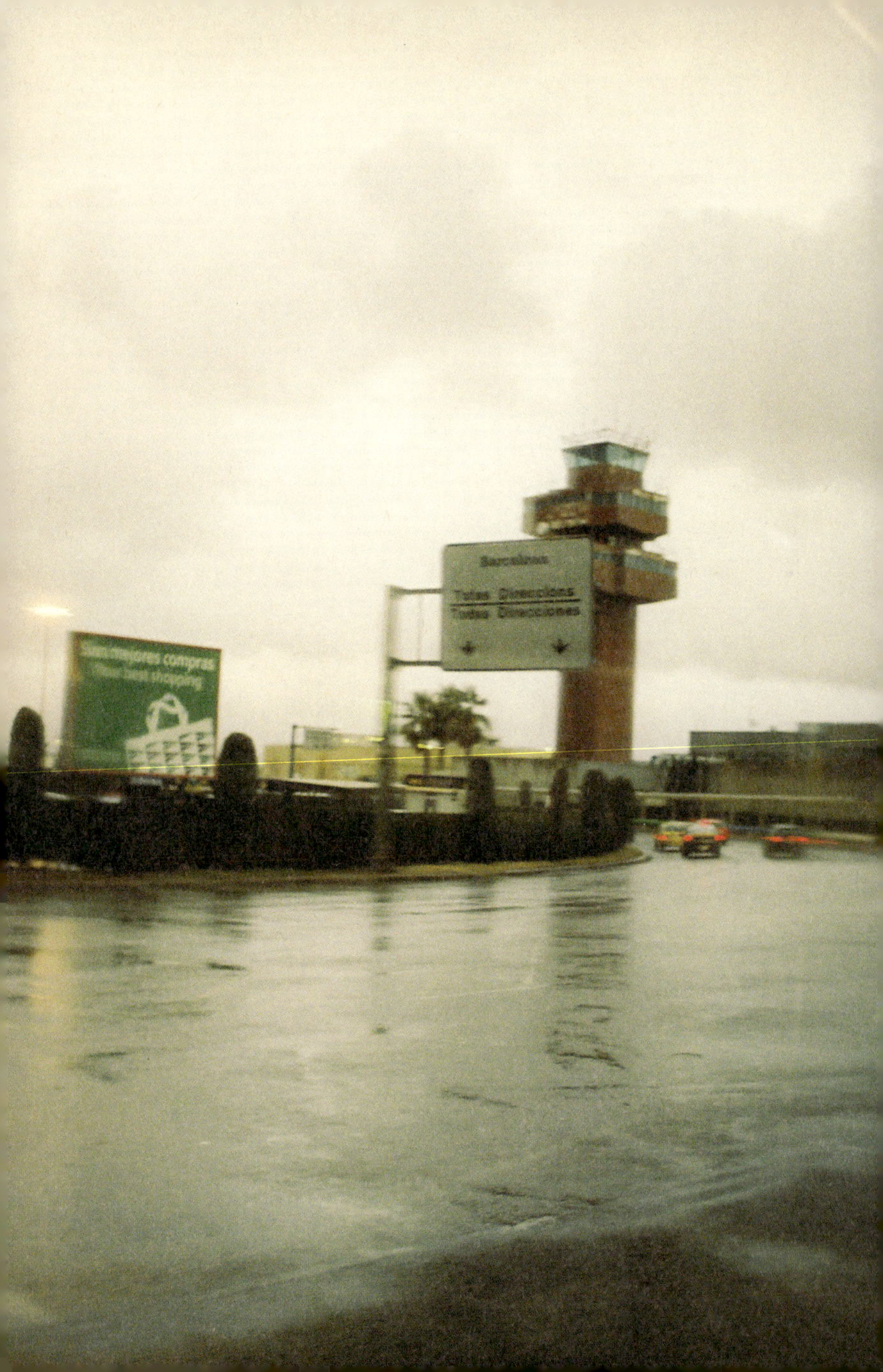

ガソリンスタンドがあるけど、あと5分走ったらJOMOだから。今日、ちょっと時間があるからJOMOに寄っていこうよ。お、JOMOだ、とハンドルをきゅっと曲げてもらう。そのためにはどうしたらいいかな。
「そのためのポスター作りだと考えていいですか？」

ポスターだとは言え、全国に貼られるものだと聞いたので、どこかにJOMOの未来の姿をしめせるようなスローガンを入れたいと思った。
真夜中に若いクリエーター部隊と、ワックスのポスターを作っていたとき、ずーっとスローガンのことばかり考えていて、100個くらい書き出してみて、全然ぴんとくるものがなくて、いまでもはっきりと覚えている。工事部のいわくらくんという男の子が「甘いものでもどうぞ」とさしいれてくれたプリンを食べた瞬間、「あ！　スマイルライフウィズJOMOだ！」とひらめいたんだ。お客様とJOMOが笑顔で結ばれますように、という思いをこめて。

「今回のポスター、かわいいねー」
そんな声があちこちの現場からあがって、ふじたさんが「いっそしばたさんに、ステーションまるごと改装してもらいませんか」と上層部にかけあってくれた。でもその人はあんまり説明がうまくなくて、「お客さんがきてくれる店を作りたい」という普通の台詞をひたすらくり返し、結局きみはなにをやりたいのかよくわかんないよとか言われて。
でも北海道にちょうど改装したいお店があるから、やってみていいよということになった。
快適な空間と、最高のおもてなしをご提供する「バリュースタイル」というコンセプト。洗車をしている時間、ここで待っていたいなと思う空間を作り、あまり車に詳しくない主婦たちにもわかりやすいメニューを用意する。するとガソリン以外の商品が売れた。コーヒーを飲むために立寄るお客さんも現れた。いままでは汚れている車を見れば、(たとえ雨降りの天気予報が出ていても)「洗車はいかがですか」とおすすめしておしまいだった。そんなマニュアルをやめて「お客様、本日は夕方から雨だという予報です。こんどお時間があるときに、ぜひ洗車にいらしてください」と伝えるようになると、お客さんの口から「ありがとう」という言葉を聞けるようになった。お客さんの滞在時間が増えた。高級車が訪れるようになった。バリュースタイルが定着していったら、お客さんの反応が上々になり、従業員もよろこんでくれて、同時にそのお店の売り上げも上がった。
「このしばたさんという人がやることは面白いかも」
一気にいっちゃおう、とJOMOの部長さんが決断してくれて、50店舗、500店舗、そして1000店舗をめざしてとバリュースタイルのお店がまたたくまに増殖していくことになったんだ。

そんなこんなで、若いクリエーターの人たちと一緒に夜中仕事をするような生活を1年ちょっと続けてきて、すごく刺激的だったけれど、この働き方はけっこう異常なわけだ。
どんなに自由そうでも組織にいればルールがある。出勤時間もあるし、途中でどっかに遊びに行っちゃうわけにはいかない。
足並みをそろえながら、いい結果を残してく。それはそれで楽しい。だけど「女の一生」としては、こんな時間の使い方をしていてどうなんだろう。のんびりと小さなカーテン屋さんをやるのはどうか。

そんなとき、あおやまさんという人と帰りのタクシーでいっしょになった。あおやまさんはマーケティングのお仕事をしている人で、見た目も言動もやさしくて真面目な人だった。
「もうこの労働っぷりは大変だよ。わたしはこのまま年を取るのか」わたしは愚痴った。
「しばたさん、いっそ独立されたらどうですか？」
あおやまさんの言葉に、わたしは鼻を鳴らす。
「独立？　そんなのまったくね。独立なんてできっこないよ」
「そう？」あおやまさんは笑った。
「だいたい会社の作り方もわからないし。そんなたいそうなことは、わたしにはできないし、ひとりでそんなのやるの嫌だし。フリーになるのはさびしいよ。大変そうだよ」
するとあおやまさんは突然わたしの目を見て言った。
「ぼくでよければお手伝いします」
ええ？　とか思って、「本当ですかー？」と聞き返した。

そんな、こんな、なんの保証もないわたしに、そんなことを言ってくれる、こんな官房長官みたいなたたずまいの人を、これは逃さないほうがいいかもしれないととっさに思い、独立したときのことを真剣にシミュレーションしてみた。毎日好きなファッションで通えるなとか、いつでも美容院に行けるねとか、会社が軌道に乗ったら習い事もできるとか、もしかしたら結婚とも両立できるかもなとか、同時に子どもも育てられるかもねとか。
けっこう良いことが多いな、と思った。

レストランの仕事だけという状況にわたしは限界を感じていた。
わたしは男前だ。最後まで必ずやりぬくんだ。だからたとえばひとつのクライアントさん、あるトンカツ屋さんのときはトンカツの研究に余念がなく、あちらのトンカツがおいしいと聞けば行って食べてきて、もうトンカツばっかり食べていた。そしてもうひとつのクライアントさんが焼き肉屋さんだったら、つづけて焼き肉も食べに行く。焼き肉トンカツ焼き肉トンカツとなり、これでは太ってしまう。

それはない、と思って。

女の子だから、そのことについてはWDIにいたころから気をつけていた。ダイエットをかねてオフィスの8階まで階段で駆け上がり、貧血でぶっ倒れたこともあった。
だってすっごいおデブちゃんになって「トンカツってじつはヘルシーです」とか言ってもクライアントさん、誰も話を聞いてくれないだろうから。「スタイリッシュ」とか言ってもあなたのどこがスタイリッシュなんですかってなる。でも飲食店は好きだから、いつも後悔のないようにやりたいと思うから、困っていた。
お客さんのライフスタイルやお財布の事情、時間の使い方を、ある程度は自分で体験してみないといいコンセプトは作れない。
でも、それは食べ物だけじゃないことは明白だ。広く世間様を見るのはいい。お声もかけてもらえるし、JOMOのお仕事も楽しかったし。
そこで際コーポレーションの中島社長に頼みこんだ。最初は「だめ」と言われたけれども、まあなんとか聞き入れてもらった。
つまり、わたしは独立したんだ。

OXFORD
PKO BANK
255 km
VALENCIENNES
1070 km
DONCASTER
1400 km
BOTTROP
993 km
DESSAU
480 km
180 km
KEZMAROK

中島社長からは多くのことを教わった。
あるときラーメン屋さんを設計している若いデザイナーが「いや、それは違います。こっちの案がいいです」と発言する場面に立ち会った。
そのとき中島社長が言った。
「きみは、何軒のラーメン屋を見た？」
「まあ、ざっと10軒はリサーチしていると思いますね」若いデザイナーは答えた。
その瞬間、社長はきれた。
「なんだと！　なにがざっと10軒だ！　経験豊かな人様にものを申したいなら、100軒見てから言え！」
「はいっ」
手厳しい。でもごもっともなお話。
自分の感性を信じるのはもちろん、自分で納得がいく仕事をするのも、仕事を心から楽しむのもすごく大切。でもそれだけじゃ絶対にダメで、自己主張するだけのものを見せろとこの人は教えてくれたんだ。

またある日、中島社長に呼び出された。
「しばちゃん。しばちゃんが作ったお店、半年近くやってきたけど、ぜんぜん売れないメニューがあるね」

「はあ」
「たしかあれ、看板商品だったよね。早いうちに変えた方がいいんじゃない」
わたしはとっさに熱くなった。
「なにをおっしゃるんですか！　あれはお店のコンセプトにとって大切な部分です！　そんな簡単に変えるものじゃない。あの商品には想いがあります。開発にもなみなみならぬ力を注いだんです。いいですか社長、あれはまだお客様の認知度が低いだけです。これからなんです。黙って見ていてください」
「しばちゃん、いいですか」わたしの熱弁を聞いたあと社長は言った。
「信念は大事です。でも頑固はだめです。あなたが今言っていることは頑固だと思います。自分の心に“頑固になってますか？”とたずねてみてください」
「本当だ。頑固でした」
「信念か頑固か、いつもよく確認してください」
本当だ。わたしは感情的でかたくなだった。みきわめなきゃ。これは信念だと思えるからきちんと伝える、か。これはどうやら頑固だから相手の意見を素直に聞く、か。その区別がついたらすてきだな。

社長はわたしの素直な態度に気を良くしたのか、もうひとつ教えてくれた。
「あとね、協調と妥協というのもあるよ」
「なるほど」
この教えもなるほどとわたしを非常に気づかせた。この意見は心から共感できるから自分の意見を却下し協調しよう、か。わたしが正しいと思うけど面倒だから妥協しよう、か。その使い分けはたしかにあると思う。
すごい中島社長。社長がいたおかげでわたしはすごく成長できた。

独立したとき中島社長、まわりの人にこう言ってくれてたらしい。
「しばちゃんがいなくてさみしいよ。おれのこと嫌いになって、いなくなっちゃった。才能にあふれてるから。おれのとこにとどまる器じゃなかった」
あんなにご迷惑かけたのに、わたしのことを絶対に悪く言わないなんて、本当にすごい人だなと思った。

CHAPTER 7
LIFE IS A CONCEPT

会社、辞めちゃった。

いままではついていきたい人についていくばかりだったけど、次どうしよう。どうするか？　なにがしたいのか？
ある人が言った。
「ぼくは将来これくらいの年収が欲しい。そのために経営者になり、会社をこれくらいの規模にする。そのためには最初の１年でこうする。そのために今はこれとこれとこれをやるのがいいと思うんだよ」
「具体的ですごいね」単純にそう思った。
「しばちゃんの目標は？」
「わたしは強くてやさしい人間になりたい」
「抽象的だ」
そうかと思った。お金でものを考えてみるのもいいかもしれない。でもいったいわたしはいくら稼ぎたいのだろう。

想像してみた。

結論からいうと、わたしは具体的な人間だった。200万円の腕時計を衝動買いしたいわけじゃないけど、4万円の良い靴を見つけたらその場で買いたい。お給料日前になると食べたいものを食べられないという状況はつらい。お寿司はいつでも食べたい。年に2回は海外旅行をしたい。ベンツのワゴン車に乗りたい。というわたしが理想としているこの女の人の年収は一体いくらか？
それなりに答えが出て、しあわせを感じ、事務所を設立することにした。

わたしは広尾のマンションの11階に住んでいて、4階の部屋が空いたのでそこを事務所にした。ちっちゃいマンションだったけど、すごくうれしくて。
床に張るサイザルカーペットは、コサカリュウさんの会社から寄付してもらい、家具のほとんどは協賛品で埋めた。
主婦のゆうこちゃんは大学のお友だち。「しばはねー、いつも言うだけでねー」と言って明るく笑う。いつもわたしの発言からぼろぼろこぼれ落ちるものを拾ってくれるような頼もしい人だ。
「ゆうこちゃん、手伝ってお願いだから」

「えーわたし主婦だよ、2日に1回だったらいいよ」
「それでいいから」
もうひとりのスタッフは、わたしと同時期に会社をやめてくれたあおやまさんだった。スタッフは以上。まだそれしか雇えない。
当時、会社をはじめるには有限会社なら300万円、株式会社なら1000万円というお金が必要だった。それを銀行から借りようとしたけれど、でももしわたしが明日クルマにひかれてしまったらお金を返せないから、それはちょっと嫌だと思って、貯金をみたら300万円ぴったりあったので、そのお金でやってみようと思った。

一体なんの会社かと聞かれたらこう答える。「コンセプトを作る会社」

つらい思い出があって。
わたし、いままで素敵なレストランをたくさん作らせてもらって、そのなかで失敗したなあと思う仕事がじつはひとつだけあった。
そこはわたしがトータルプロデュースをしたお店。テレビにも取り上げられてすごく流行ったお店なんだけど、オープンした1ヵ月後に「契約」というものが切れてしまい、終わったらはいさよなら、だった。

まあそれは仕方のないことなんだけど、すこし経ってからそのお店にいったら、店長さんが別の人になっていてがっかりするはめになった。お皿の盛りつけが変わっていたり、おかしなPOPが壁にべたべた貼ってあったり、トイレに造花が飾られていたりして、これはわたしが作ったお店じゃないなあと思ったんだ。
それから半年後くらいのことだ。
友だちから「今日しばちゃんのお店、行ってみるねー！」と言ってもらったとき、思わず「行かないでいいよ！」と口走ってしまった。
え？　自分の言ったことなのに、自分の耳を疑った。人様からお金をちょうだいしておきながら、あれだけがんばってお店を作っておきながら「行かないで」ってなにごと？
これは、ひどい仕事をしたなと反省した。
反省したけど、わたしの立場はあくまでも「外部のひと」だから、いっしょに汗をかきながらお店を運営していくことはできないし。

なにがいけなかったんだろう。

すごい、考えて。

そうだ。わたしはお店を作る人だという気分でいた。そうじゃなくて、お客さんがそのお店を選んでくれる「価値」を考えて、作っていく仕事なんだ。それを定義づけられなかったから、根付かせることができなかったから、わたしは半年後、友だちに「行かないで」とか言っちゃったんだ。

このしばたさんという人は、なにをもって「このお店のコンセプトだ」と言っているのか。
わたしから受け継いだ店長たちは、みなそれぞれの頭で解釈しようとするだろう。
それは白いお皿かもしれない、普通よりも明るめの照明かもしれないし、ポスターを一枚も貼らない冷たい空間かもしれない。
コンセプトを表現するものは、お店の中に無数にある。だからきちんと定義づけないと、コンセプトはすこしずつおかしな解釈をされてしまう。よかれと思って「そこは水着のポスターを貼るべきだね」と無邪気に思う人が出てくる。時間が経つと、皆それぞれの感性やセンスで工夫しはじめる。

わたしはそんな人を責められないし、店長だって責められないし、ましてや新しい店長なんか責めようがない。でもそんなふうに見過ごしていくうちにお店や会社がどんどん違うものになっていくのが悲しい。
だからわたしは店舗プロデューサーじゃなくて、長く続くブランドを作る人になりたい。作ったコンセプトが脈々と受け継がれるように決まりを作り、その決まりを「守りたい」と自発的に思う人を増やしたいんだ。

ブランドの作り方について、ふたつの方法を考えた。
ひとつはデザインアプローチという。人は見た目からブランドを感じる。かっこいいお店だけど敷居が高そう、というのもブランドだし、うるさくて雑然としているけど入りやすいなとか、てきぱきとしてそうだとか、そういう雰囲気を内装やロゴマークを使って浸透させるのもブランドだ。
このやり方はよく語られている。わたしも思えばデザインアプローチばっかりがんばっていた。でもそれだけじゃブランドは作れないとあるとき気づいた。

たとえば佐川急便と言われたら、まっさきにあの走るお兄さんを思い浮かべる。あの巨大企業は「走るお兄さん」というイメージで構築されている。それはわかる。でもあのお兄さんはなんで走るのか。どうしてあんなに明るい顔をしてさぼらずに荷物を運ぶのか。そこには走るルールがあるだろう。走る目的があるだろう。走るとこうなるという評価のシステムもあるのかも。そんな風に人のサービスとか雰囲気でブランドを作ることを、わたしはサービスアプローチと名づけた。

デザインアプローチとサービスアプローチ。このふたつを使って、わたしはブランドを作る人になる。

自分の会社に「柴田陽子事務所」という名前をつけていた。略してシバジム。

小さい会社だったけれど、まず自分とこのブランドについて考えてみる。

しばたさんのところはいつも感じがいいね、いつもきれいね、かわいい子が多いわねって言われたい。
感じがいい。それ、どういう感じ？
大きな声で、気持ちのよいあいさつができる。
気持ちのよいあいさつは、目を見ているあいさつ。はきはきしている。
笑顔がきれい。きれいな笑顔。
早く会社にきていて、机のうえを拭いている。
人がいやがりそうなことを、すすんでやる。
ちゃんと「ごちそうさまでした」が言える。
靴を履こうとすると、さっと靴べらを出してくれる。
見た目が清潔ですがすがしい。
そんな感じ。
…すこし学校みたいか。けど、これが根っこなのは間違いない。

会社のコンセプトは「真ん中を歩こう」。
テーマカラーはわかりやすく黄色にする。道の真ん中に陽が当たっている、そこをまっすぐに突き進むようなロゴマークがある。働くひとびとはチャーミングで、オフィスは雑居ビルにあるのではなく、街の中で生活しているような空気感があっていい。女の人のスタッフが多いから、お母さんになって子どもと一緒にきてもやすらげる空間にするため、わざわざやわらかい絨毯に張り直して、仕事の邪魔にならないように遊べる部屋も将来的には作ろう。

さらにこの会社の10年後を想像する。
一人一人のキャラを理解しあい、お互いのことが大好きで、思いやりにあふれるのが魅力のシバジム。小さな会社だけど、夢のある大きな仕事を手がけて、どの仕事に対しても真摯な姿勢のシバジム。完成までの過程と、信頼関係を大切にしながら、仕事をすすめるシバジム。結果にこだわりつづける強さをいつも忘れず、仕事をまっとうするシバジム。気くばり上手で、クリエイティビティ豊か。いつもやさしく堂々としていて、温かな雰囲気はたよりがいがありあこがれの存在。プライベートも楽しくてメンバーそれぞれが豊かな毎日を送っている。みんないまより年を取るけれど、いまよりかわいくかっこよく、緑がいっぱいなテラスルームでの打ち合わせがシバジムスタイルとしてすっかりなじんでいる。

わたしたちは、陽の当たる道の真ん中を、笑顔でたくましく歩き続ける。

すこしずつスタッフも集まってきた。
まずシュウウエムラのこわいお姉さん、アフロのかっちゃんが入ってきた。そのつぎにきれいなまきちゃんが「なんかしばとセンスが合いそう」という友だちの紹介のもと入ってきて、それから、あおやまさんの友だちのあらまきさんが、そしてわたしの友だちの紹介でしみずさんが入ってきて、ここまでは完全紹介制だった。
わたしはいままでに何百人も面接をしてきていた。
で、面接の最後に「質問はありますか」とたずねると、「土日は必ず休みですか？」「夏休みはどれくらい？」「みなさん、何時くらいまで働いているんですか？」「年俸制でしょうか？」「社長の考え方はどうなんですか？」などと聞いてくれる人がいる。条件面は大切だ。自分の働きたい環境が整っているか、社会人として知っておくのは当然だろう。
でも、やはり、かしこくないというか。
こちらから言わせると「でた」という感じ。

まず会社の望みにこたえてあげる。条件面の話なんてその後にしたほうが、あなたもお得なのにと思った。
特にわたしは出会いとか縁が好きだったから、面接とか採用にはあんまり積極的じゃなかった。
でもある日突然、北海道のあ〜あ〜ああああ〜みたいなところから手紙が届いた。雑誌で拝見してお手紙をさしあげました。ぜひとも御社で働かせてはいただけませんでしょうか、みたいな。それまでは履歴書とかまったく受け付けてなかったんだけど、「この手紙は異様に丁寧だ」と感じ、入ってもらうことにした。せきねさんという北の国の人。
「東京に引っ越してきました！」
「どこ？」
「高尾です！」
「ええ？　高尾は東京って言いづらいよ」

せきねさんが「電話に上手に出られません」と言った。
じゃあせきねさんこれ持って、とテレビのリモコンを手渡す。わたしはDVDのリモコンをつかみ耳にあてた。
「じゃあ、わたしは予約を取るよ。ルルル」
「はい○○○（お店の名前）です」
「違うでしょ。お電話ありがとうございます。せきねがうけたまわります、でしょ。もういっかい」
「お電話ありがとうございます。○○○のせきねがうけたまわります」
「今日、彼のお誕生日なのでケーキを持ち込みたいんですけど、大丈夫ですか？」いきなり言った。
「大丈夫です」
「いやいや、先に『それはおめでとうございます』って言わないとだめでしょ」
そんなやり取りを1時間くらいくり返す。これがわたしのありえないねばり強さだ。
「しばたさん、ちょっといいですか」
「なんか不満？」

「いえ。しばたさんすごいと思うんです。もしもメンバーがわたしとかじゃなければ、この会社はもっともっと大きくなっていると思うんですけど」
たしかにそうかもしれない。でも「えー」と口に出してみた。
「せきねさんの言っていることと、シバジムのコンセプトはまったく関係ありません。みんなでギャアギャアいいながら、シバジムを成長させるんだよ、みんな凡人なのに、というのがこのコンセプトのおもしろさなんだよ。ただ有能な人に入れ替えるのだったらコンセプトからはずれます。だから自信持ってやってください。さよなら～」

いままでいやだなと思うと席替えがあり、これはどうにもならないと思うとクラス替えがあり、そういう人生だった。だから「続けること」にまったく自信がなくて。継続に興味があって、わたしにとっての継続というのは10年。メンバーをころころ変えるのは簡単だけど、今のメンバーで人並み以上の生活がしたかった。

実はわたしの言うこと、わたしの指導なんてなんでもない。みんなそのまんまでいいと思ってて、迷うことは毎日のようにあって。人様の娘さんをね、弊社で預からせていただいる上に、超上から目線で「きみはダメだ」とかいうほどの人間じゃわたしは全然ない。でもそんなので遠慮をしてたらうまくいかないから、わたしはわたしを信じるしかなくて、みんなに偉そうなことを言いながら、みんなと10年間やろうと思ってる。
こんなにちっちゃな会社でも、こんなにわかんないわたしたちでも、こんな大人になってから出会った人たちとも仲良く楽しく、私生活もたっぷり満喫しながら、人生や仕事が楽しくできていますというモデルになりたいんだ。

わたしは偉くなったのか。

ときどき自分で偉そうだと感じることがあった。スタッフへのものの言い方、宅配便の佐川さんに対する態度。忙しくて心に余裕がないと雑な対応をしてしまう自分に気づくことがある。何人かでごはんを食べているときに、年下の人たちへの配慮に欠けることもある。反省だ。
実ってなお、頭をたれる、稲穂かな、だ。
スタッフのあらまきさんはその点、ちゃんとしている人。あいさつが素晴らしい人。声が大きくて、笑顔も最上級だ。あらまきさんの挨拶を聞くと、一日のはじまりが素晴らしいものになる。
なんとなく気分が乗らず、くらーい気持ちでオフィスに入ったとき「おはようございまーす！」というあらまきさんの声でシャキーンと背筋が伸びる。あらまきさんはわたしのことをきちんと見つめ、口角をニッとあげて、やさしい目をしてる。あらまきさん、すてき。

わたしはよくさぼってしまう。

いそがしくなるとさぼりはじめてしまう。主にさぼるのは朝ごはんとか、週末のならいごと、夜のスポーツジム。
でもそれはべつにいい。あとであーあと思うだけだから。さぼったらまずいのは情報収集で、これはいくらさぼっていても、すぐに問題が起こらないからまずい。だからわたしはいくつか決めることにした。
毎朝インターネットでニュースを読む。ひと月に10冊の雑誌を流し読みする。月に1回はいろんなデパートを回り、ファッションフロアとデパ地下を探検する。新しくできた施設はすぐに足を運ぶし、週に3回は新しいお店でごはんを食べる。
その約束にもとずいた予定をメモ帳に書き、さぼりたくてもさぼりにくい感じの印をつけた。
自分でお金を払って、自分で体験することが大事。それはわかっているし、やれば楽しいこともわかっているんだけど、つい忘れてしまうから。

自分で経験し、たくさん感想を持つ。この単純なくり返しがわたしのアイディアの貯金になっている。

でも感想を増やすというのはけっこう難しくて、意識しなければ目の前をさっと通りすぎてしまう。他人の感想を自分のものにしてしまうこともある。だからきちんと自分で経験して、感想を持つ時間が必要。
そのために、わざわざ地方のデパートに寄ることもあった。とくに靴売り場を見る。靴が一番よく「民度」が見えるから。ここは一番てっぺんに華やかにディスプレーされている靴が1万2千円だけど、伊勢丹だと4万8千円になるのか。そんな風に確認して、べたべた感とセレブ感の湯かげんをからだに覚えさせた。
わたしはお母さんじゃない。だけど子どもがいる友だちとはよく会っていた。お母さんというのはこういうことを考えていて、こういうことに満足とか自分の誇り、存在価値を見出しているのかと学ぶ。誰もが自分の感情を表現してくれるものに安心する。そして安心するものに対して、お金を払っている。
ではその人たちにとって、いま安心できるものとは何か？
その正体を見つけないとな。

JUSSIN
VIINAKAUPLUS
PÄRNU ESTONIA

新しいものを考えて、みんなをまきこみ、偉い人を説得する。

その仕事が難しく感じないのは、きっとわたしが絵の浮かぶストーリーを語れるからだと思った。(そしてそれはおそらく天性のものだ)
誰かに「こんなのがあったら面白くない？」という話をよくした。
たとえばサンクスマームカンパニーという会社を作るとしよう。
この会社はトラックを使って、幼稚園に給食を配達する事業をしている。少子化なものだから、幼稚園は他との差別化をはかり、もっと子どもたちを集めたいと思っている。一方でお母さんたちは「子どもを預けておくこと」に対してちょっとした罪悪感を持っている。できるだけのことを子どもにしてあげたい。
そんな両者の気持ちにおこたえするのが私たちサンクスマームカンパニーです。提供させていただくお弁当はすべて産地、作り手の顔が見えます。パッケージのデザインにもこだわっているので、洗練されたお弁当だと感じていただけるはずです。子どもを預けて働くお母さんたちの多くは経済的に豊か。ですから多少コストはかかりますが、このお弁当ならばアレルギーのことも安心ですし、女の子は肥満にならないようきちんとカロリーコントロールされていますので、きっとご満足いただけることでしょう。サンクスマームカンパニーが入っている幼稚園だから、ちょっと学費が高いんだけど、わたしががんばればいいんだわ、と思ってくださるお母様が多いということです。子どもたちにも評判です。お家のごはんもサンクスマームカンパニーにしたいよーなんてほほえましい発言も出るくらいです。
事業はとてもうまくいきますが、ここではあえて大きな利益を出しません。幼稚園で食べるのと同じプリンとかおそうざいを全国のスーパーで展開し、こちらで利益を出していくのです。
「おいしばちゃん、その会社はどこにある？」
「だから無いって！　わたしの妄想だよ！」
「どこかにありそうだ。絵が浮かぶ」

わたしの妄想は止まらない。

晴れた朝に愛犬と遅めのブランチをとる。あそこのスピナッチエッグベネディクトは他ではちょっと食べられない。ソースにもかなりのこだわりが感じられる。午後1時、仕事の仲間とのパワーランチにちょっと立ち寄る。骨付き肉のシチューは昔おばあちゃんが作ってくれたのとそっくりの味だ。夜遅く、仕事を終えた彼女からの電話。待ち合わせはやっぱりあそこの店。彼女はワインを飲みながら黒豆のポークリブのグリルで一日をしめくくるのが最近のお気に入りらしい。ぼくはそんな彼女の横顔を見ながらシーザーサラダをつまみにビールを飲む。

まずは「こういう風景を望んでいるんだ」っていう風景を写真や絵で見せる。

それからそのストーリーの主人公に好かれるための宣言をする。

「セカンドキッチン」がコンセプトです。
大地の恵みの新鮮な素材をふんだんに使い、素材の良さを生かしたシンプルな料理を提供します。素朴な料理をダイナミックに提供するそのスタイルと、家庭料理の温かさとデイリーのカジュアルさを持ち合わせた、長く愛されるお店です。都会で働く、暮らす人々が満足する洗練された空間と味。町になじみ人に育てられる、来ていただいた人全員にとってのセカンドキッチンになれるよう、その空気と商品を大事にします。

やっぱりいい。
こんなふうにストーリーが書けるということは、ターゲットの動き、流れに無理がなく、主人公のライフスタイルと舞台となるお店がしっくりきてるんだな。

まるで王子様みたいだと思った。
見た目がすっごくかっこいいし性格もチャーミング。生まれも育ちもありえないほど立派だ。別世界にいる人っぽい。でも運転手さんたちからは「いちろうちゃん！　早くいいお嫁さんみつけてねー」とか心配されるほど好かれてる。
それが、日本交通3代目社長のかわなべさんだった。

最近あまりまじめな話を聞いてないな。
まじめな話を聞こう、と思い、あるときお食事会にいってみたら、そこにかわなべさんがいた。かわなべさんはごはんを食べながら2時間くらい自分の話をしていた。他の人たちもごはんを食べながらかわなべさんの話を聞いていた。
かわなべさんは“拾うタクシーから、選ぶタクシーに”と思って、「黒タク」というものをはじめたという。うん、わたしも知ってる。地理に詳しくてサービスも素晴らしい運転手さんに、黄色いタクシーから、よりグレードの高い黒いタクシーに乗りかえてもらった。それから全部のタクシーにGPSをつけて、お客さんの待ち時間をすくなくした。そんな工夫の一つ一つが実を結び、いまでは専用乗り場だって持ってる。
活躍している人の話をBGMがわりにごはんを食べるのは非常に役に立つなと思った。いろんなアイデアが浮かんだりちょっと元気が出たりもする。
「というわけで、日本交通のタクシーがお客様に選んでいただけるよう、これからもっともっとがんばっていきたいのです！」
かわなべさんが話をしめくくろうとすると、ある人がにやにやしながら言った。
「そのためにはやっぱり、しばたさんの“気づき”が必要じゃないですかね」
「ん？　気づきー？」かわなべさんがわたしのことを見る。
えっとか思って、でもかわなべさん、興味深そうに見てるから「いや、JOMOで」と答えると「JOMOがどうかしましたか！」と身を乗り出してくる。

「えっ。わたしJOMOのスタッフを元気づけて、同時にサービスの質をあげる、という試みに取り組んでるんです。それが気づきプログラムっていうんですけどね」
「ええ？　なにそれなにそれ！」
その場にいるみんながわたしに注目する。
「ここで2人だけで話しこむのもちょっと。よかったら今度シバジムにいらしてください」
本当にきてくれるのかと思っていたら、かわなべさんから「今度シバジム行ってもいいですか？」というメールが届き、わたしは「ぜひきてください」とお返事した。

タクシーの運転手さんに囲まれた、男だらけの世界とは相反する世界がわたしのオフィスにはあった。お花があり、額に飾られたかわいい絵があり、いれたばかりのハーブティがある。かわなべさんはティーカップから口を離すなり「いやあ！　シバジムいいな！　おれも入りたい、おれも入れて」と言う。
わたしは一枚の紙を見せた。
「これはシバジムのスタッフがおそろいにしていることです」
笑顔がきれい。早く会社にきていて、机のうえを拭いている。靴を履こうとすると、さっと靴べらを出してくれる…。
シバジムスタンダードといって、シバジムのスタッフがおそろいにしてること。タクシー会社もこういうのをやったらいいと思いますけど。
すると、かわなべさんの表情が変わった。
「飛行機にはビジネスクラスという、ひとつ上の品質が約束された空間がある。しばたさん、でもタクシーについてはどうだろうか？」
わたしはすこし考えてから言った。
「タクシーだって、ビジネスクラスの品質を保証してもいいと思います」
ん、とかわなべさんはうなった。「おれの求めていたのはまさにこれなんだ！」

拾われるのではなく、
選ばれるタクシーをめざす。

電話でタクシーを呼ぶとき、日本交通のタクシーを呼ぼうと思う。大きな道路でタクシーがびゅんびゅん走ってるけど、わざわざ日本交通のタクシーに向かって手を挙げる。そう思ってもらうためにはどうすればいい？　値段を下げるわけにはいかない。タクシーを良くするのは人と車だ。かわりに乗り心地の快適さを追求しよう。そしてその快適さをすべて「おそろい」にしたい。

あくる日、10人くらいで集まった。運転手さんや営業部長さんがいて、一体なにをどんな風におそろいにするか、あいさつのフレーズや、お客さんに話しかけるタイミング、身だしなみ、タクシーの中に置くものなどについて話し合った。でもこれはとても大変だと思った。たとえば運転手さんが「かしこまりました」と言うかどうかでも2時間半におよぶ大論争になった。
「渋谷までお願いします」「渋谷ですね。かしこまりました」
このかしこまりましたを、きちんとお客さんに聞こえるようにしたいと言うと、すぐさま「ううむ」という鈍い声が聞こえてくる。
「かしこまりました、なんてどうかね。変によそよそすぎやしないかね」
「そんなことないと思います。丁寧な感じが伝わると思います」
「よそよそしい感じがするな。もう少し親しそうなのが良いと思うけどな。お客さんとの微妙な距離感っていうのかな」
みんなそれぞれに思いがあるんだと知った。
でもわたしは譲らない。わたしには他にもたくさんの気づきがあった。タクシーの中にティッシュが置いてあるのはいいけれど、使おうと思ったときにティッシュがカピカピだったりすると「うわしまった！　触るんじゃなかった」と思うことがある。またティッシュを置いてるタクシーもあれば、置いてないタクシーもある。おそろいじゃないなら、いっそ全車禁止にしませんか、というと「運転手が良かれと思って置いているのだからいいじゃないか」「良かれと思って置いている気持ちが素晴らしいじゃないか」「ぼくらはいつもお客さんに良かれと思ってやっているんだよ」と口々に言う。
運転手さんはたった一人でサービスをしている。そばで見守ってくれる人も、相談できる先輩もいない。目に見えないサービスが本人の「良かれと思って」という基準でおこなわれていた。でも良い悪いじゃない。おそろいにしたいだけだ。きちんとおそろいになっていればいい。それがお客さんが安心して日本交通のタクシーに手を挙げる理由になるはずだ。
芳香剤を置かない。車内にお守りをぶらさげない。サングラスは怖いからはずしましょう。指先が出る手袋はスピード野郎っぽいからやめましょう。石頭になるのはやめましょう。など、80項目にしぼって、1冊の「黒タクスタンダードマニュアル80」という小冊子を作った。

マニュアルは表紙をかっこよくして、理解しやすいようにイラストをいっぱいいれて、社長が人気者だったから社長のイラストをど真ん中に入れた。できあがった。

でもただでさえ夜勤明けで眠い運転手さんたちだ。できたものをそのまま配っただけじゃ「なんだよ面倒くせえ」と思われるだけかもしれない。だから配る前に、きちんと気持ちを伝えてあげることがとても大切なんです。

「じゃあ、しばたさんも一緒に回ってくれますか？」

「もちろんです」

「じゃあ朝5時に」

え、と思って。

日本交通の営業所は9つある。しかも早番遅番があるから、その倍近くの運転手さんに話をすることになる。

「朝5時」

「はい。運転手さんの仕事が終わるのが夜中の2時です。それから車を洗って、帳簿をつけてとなると、研修をはじめられるのは朝6時です。だから5時には来ていただかないと」

「大丈夫です」

うげ、と思ったけど、表情の変化を気づかれないように。

朝、ちょっと苦手で、なんて言ってる場合じゃないからね。

特に会議室というものはなかった。そのかわり、たたみ百畳くらいのだだっ広い仮眠室があり、部屋のまわりに布団を積み上げて、何十人もの運転手さんたちがどっかりとあぐらをかいていた。黒タクスタンダードマニュアル80の持ち方はほとんど競馬新聞だ。「写メとらして、写メ」と近づいてくるおじさんもいる。「しゃあねえから、このおねえちゃんに協力してやろうやー」みたいなヤジも飛ぶ。
がやがやとした雰囲気の中、研修会がおこなわれた。こりゃ響いてないなと思いながら「黒タクでは、黒い革靴をはいてくださいね」と伝えると、ついに納得いかないという顔をしたおじさんが「だったらその靴を会社で支給しろ！」と大きな声を出した。
わたしは静かにその人を見つめた。そして「ロッテリアというハンバーガー屋さんではね」と一歩前に進み出た。わたしは以前、ロッテリアのブランド作りをお手伝いさせていただいたことがあります。
「そこで高校生のアルバイトさんたちに『お店の中ではスニーカーを履きましょう』とお願いしたときは、こう聞かれました。『どんなのを買ってきたらいいでしょうか？』って。彼らは自分たちでおしゃれなスニーカーを買ってきて履いてました。とても素直に自分のお金でね。それはそうでしょう。自分の商売道具だから買ってくるんです」

運転手さんたちは静かになった。

「わたし、日本交通さんなんかはとても恵まれていると思います」

うん、という声がして振り向いたら、かわなべさんがにっこり笑っていた。

そんな風に眠くて楽しい研修が終わって、わたしは最後に言った。

「わたしはよく代官山のやりがさき交差点にいるから。スタンダードを守ってるぜ、っていう人はぜひ、やりがさき交差点の近くにきてください。ほめてあげますから」

それから何週間かたって、シバジムのあおやまさんに言われた。

「このごろやりがさき交差点に日本交通のタクシー少ないですね。みんなしばたさんに会うのが怖いんじゃないですか？ははは」

そういえばそうかもと肩を落とした。悲しくて。やりがさき交差点をとぼとぼ歩いていた。目の前をタクシーが通り過ぎようとしていた。タクシーの窓ががーっとあく。わたしがびくっとしてそちらを見ると、運転手さんが顔を出して手を振った。

「しばた先生ですよね！　スタンダードがんばってますよ！」
わたしうれしくて。
「ありがとうございます！」と自分でもびっくりするくらい大きな声を出して、いろんな人が振り向いたけど、それは全然気にならなかったんだ。

その後、運転手さんたちの気持ちを知りたいと、かわなべ社長は1ヵ月間だけタクシードライバーになった。現場を知るすばらしい試みだと世間の注目を集めた。
でもそればかりじゃない。かわなべさん、自分は社長だから当然黒タクに乗るぞ思っていたら「黒タクには黒タクのスタンダードがあるんです。黄色から黒に変わるための資格がある。その資格がないから社長は黄色でお願いします」と断られたらしい。またあるとき営業部長さんが教えてくれた。
「タクシーにはGPSがついているんです。だから社長が今いる場所がすぐわかる。いっつも同じ時間に青山のデニーズでお茶を飲んでました」
かわなべさんは、やっぱりチャーミングだった。

夢を持とうよ。夢をかなえようね。

ある雑誌の取材。「夢をかなえる3ヵ条」という大人気コーナーがありまして、ぜひ出ていただけませんかと言われたので、出ることになった。たとえばですね、夢が実現すると信じて行動する。悩みを翌日に持ちこさない。好きなことを誰よりも追求する。はい、こんな感じの3ヵ条になっちゃうんですが、しばたさんの場合、どんな感じになりますかね？

どんな感じ？
ばかにしちゃいけない。
わたしは冷静に「夢を持たない」「夢に振り回されない」「夢を探さない」とこたえたの。
夢なんていらない。夢がなくたって、毎日楽しく生きている人のほうがよっぽどかっこいいと思うもの。わたしは子どものころからずっとなにになりたかったかといえばスポーツキャスターとか弁護士とかスケート選手とかお花屋さんだったけれど、いまのところは、いまのような仕事をしていて楽しいと感じている。夢はあきらめなければ叶うなんて変だ。がんばったってだめなときはあるし、からだを壊してしまうときもあるし、自分の能力ではやっぱり無理というか、むいてないことはやっぱりあるなとも思うから。

わたしは、今後、自分がどうなっていくのか楽しみ。
だから何者になりたいとか、キャリアアップとか、そういうばかげたことはやめた。前は超あせっていたんだけど、もうやめた。
わたしにとって大事なのは「いまよりもう少し良くなりたい」って思い続けること。それから「これだけは絶対ゆずれない」というものを持ち続けること。
そのふたつがあって、わたしの人生は良い方向に転がっている。
そういうことをはっきり言えるから、しばたさんは非常に説得力があると人様からよく言われる。共感できるねとも言われる。
なにをもって成功なのか、わたしにはよくわからない。
いま郊外店の経営が苦しい状態です。しばたさんのコンセプト力でなんとかなりませんかね、と言われたときは正直困った。
わたしはいつでも思っている。たとえば父ちゃん母ちゃんがトンカツ好きで、トンカツ屋さんをやったら毎日トンカツが食べられていいねというから1階をお店にして、2階に家族で住んで、そろばんひとつで商売をしている、そんな暮らしは良いものだと思っている。そんなトンカツ屋さんに向かって、コンセプトはなんだ、ブランドを定着させろと言う人はおかしい。
父ちゃんは晩酌をすればいいし、母ちゃんは晩酌に合うおつまみのレシピを増やせればいいし、家族の時間が増えたほうがいい。時間があればご近所でバーベキューをすればいい。
それでいいじゃない。
幸せになるためにやることが、ときどき無駄に多すぎる感じがするんだよ。

シバジムにもちっちゃいもめごとが日々ある。

みんないそがしいからいらいらするし、あまり思いやりが持てない日もある。
でもたいていの時間は仲良しだから、メンバーも変わらない。
どんなにいそがしくても、お誕生日プレゼントはわたしが買いにいくことにしてる。どこどこのパティセリーのいま流行りのケーキを用意する。お花を買って、メッセージを書いたカードを添えて、みんなで心からお祝いをする。そういう時間をみんなで大切にしている。あるときみんなで上海がにを食べたら、ひとり何万円もしてとてもおどろいたけど。
わたしはあいかわらずだ。睡眠時間はけっこうすごい。どんなに悩んでいるときでも寝られない夜はない。ただ遊びと仕事の差がないから、寝言で「社長！わたしのことを聞いてください」とか「あおやまさんは反省してくれているんですか？」とか言っているらしく、変だと思う。午前中はみんながびっくりするくらいなんにも考えていない。午後はいそがしく仕事をしている。休日はインテリアを見にいったり、お皿を買いにいったりしているし、料理もするし、編み物をしようと毛糸を買いにいくときもある。
あるいは軽井沢へ行って、つなぎの服を着て、カールのおじさんみたいな帽子をかぶって丸太運びをしている。夜はうさぎがこないかどうか待っている。冬は薪ストーブに薪をくべて、星をみたりしている。
聞くとね。
客観的には代官山で社長をしてて、毎朝スターバックスに寄って何とかラテを注文している。そしたら、いいですよね。ちょっとね。かっこいい女の人みたいでしょう。そう思われても仕方ない。

こないだカード会社に電話して、住所変更をお願いしたらこう言われた。

「年収280万円というのはお変わりないですか？」

お。それは秘書のときの話だ。変わっています。いまはもっとあります。

でもあのときといま、どっちがしあわせですかって聞かれたら、もうわかんないなと思った。あのときもすごい楽しかった。「コーチのバッグがほしいなあ」とか思っていた。いまは「エルメスのバッグ買っちゃおうかな」って思う。

いまよりちょっと上をのぞんでいる、というのは同じ。きっとこれからもずっとずっと続くだろう。

でも、それでいいかなと思ってる。

子どもの頃もなに不自由なかった。

妹がひとりいて、犬がいて、家族といってもほんとに絵に描いたような家族だった。びわを取りに行け、つくしんぼを取ってこいと。専業主婦のママが朝も昼も夜もごはんをつくってくれる。休みの日にはパパが太鼓をたたき、わたしは小太鼓をたたき、みんなで草むしりをして、鉢の植え替えをして、町にお買い物にいって、おもちゃを買ってもらった。ときどきお誕生日にもらった一輪車をこいで山へと出かけ、山の中でオカリナを吹いていた。自然児で男の子みたいで目立つ子だと言われた。
パパが会社をやっていたから、大人の人たちがすごい出入りして、わたしは社長の子どもだからすごいほめられた。わたしはほめられたことをよろこぶ子だった。人が好きで甘えん坊で、みんなにかわいがってほしい。他の子どもよりよっぽどそうだったみたい。いまも同じ。だからみんな「しばたさんのお世話をしている」という感覚で接してくれてるのかも。
小学校のとき、授業で“ラブレターゲーム”というゲームをやらされた。よく覚えている。1クラス30人くらい、みんなで円形に座って、半分に折った紙切れを回しっこして、そこに「Aちゃんへ」と書かれていたら、Aちゃんをほめる言葉を一行だけ書くという遊び。書いたらまた折って回す。隣の人もＡちゃんの好きなところを考えて書く。
「絶対にほめることしか書いてはいけませんよ」とシスターは言った。
「“こうしたらいいのに”とか“こう変わったらもっといいと思う”とかそういうアドバイスも書かかないように。完全にほめるんです」
はーい。
ぐるっと一周して、わたしのところに紙切れが回ってきた。きれいな鉛筆の字で「しばたさんへ」と書いてある。開いてみたら、みんな、わたしをほめる言葉が自分勝手に書かれてあった。

「しばたさんは運動ができて、勉強もできてあこがれの存在です」
「かわいいです。冬服がよく似合っててかわいい」
「みんなに頼られていてうらやましいです」
「美人だし、おしゃれだと思う」
「とても元気です。クラスのムードを明るくしてくれる人です」
それは、そんなのは、わたしでもすてきだと思うくらい理想のしばたさんで、ほめることしかしてはいけないというルールはわかっていたけど、みんなにそういう風に見られているというのがうれしかった。

わたしが顔を真っ赤にしていたら、「しばたさん、良かったですね」とシスターがにっこりほほえんだ。
「そうですか？」
そのときみんなからもらった数々の言葉に、わたしはいまも完全にしばられている。でもそれはとてもうれしいことで、良いことだと思っている。

わたしは理想のしばたさんに従って生きている。
突発的に動くことなんてない。理想のしばたさんだったら、どうふるまうのかな、どう考えるのかな、どう反応するのかなって考えてから動いて、あとで良かったなと感じたり、失敗したなと感じたりしている。
人からどう見られるかということは気になる。気になるからこそいまのわたしがあると思う。「人にどう思われるかなんて関係ないわ」っていきいきしている女の人はうらやましいが、わたしは自分がそういう人じゃないと知っているから、がんばって理想のしばたさんについていこうと決めたんだ。

これからもずっとね。

6

わたしは理想のわたしに向かって、
これからも冒険を続ける。
いままでいろんな場所へ行ったけど
まだ知らない場所に行こうと思ってる。

知らない場所だから、なにが起こるのかわからない。
でもなんでも受け止めてみようか。
そう決めると、少しだけわくわくするんだ。

これからわたしは、
どんな人と出会って、どんなお手伝いをするんだろう。
なにを見てなにを話して、どれくらい落ち込むんだろう。
それから、なにをうれしいと感じて生きてるんだろう。
で、その先、どんなわたしができあがってるんだろう。

想像してもわからない。
歩いて見に行くしかないな。
どこまでも。
とことこ、ってね。

mother & me

junior college @ Tokyo

Halloween
@ Barat College

sushi kushi TOYO

graduation

shibajimu

柴田陽子

Yoko Shibata

1971年神奈川県生まれ。柴田陽子事務所・代表取締役。麻布十番レインボーロールスシ、丸の内ブリーズオブトウキョウなどのレストラン開発を機に、コンセプトクリエイターとしての活動を開始。JOMOステーション、ロッテリア、日本交通、センチュリー21などのブランディングに携わる。

コンセプトライフ

2009年5月10日　初版発行

著　者　柴田陽子（柴田陽子事務所　代表）

写　真　大脇崇
デザイン　井上新八

発行者　鶴巻謙介
発行・発売　株式会社サンクチュアリ・パブリッシング
（サンクチュアリ出版）

東京都新宿区荒木町13-9 サンワールド四谷ビル
〒160-0007
TEL 03-5369-2535／FAX 03-5369-2536
URL：http://www.sanctuarybooks.jp/
E-mail：info@sanctuarybooks.jp

印刷・製本　株式会社光邦

PRINTED IN JAPAN
定価およびISBNコードはカバーに表示してあります。落丁本・乱丁本はサンクチュアリ出版までお送りください。送料小社負担にてお取り替えいたします。

※本書に掲載されている人物、建物、風景等の写真は、あくまでもイメージであり、本書の内容と一切関係ありません。